COMMANDANT ROLLE

LE VIEUX SAUMUR

OUVRAGE ORNÉ D'UNE VIGNETTE EN SIMILI GRAVURE
ET DE
10 PLANCHES TIRÉES HORS TEXTE EN PHOTOCOLLOGRAPHIE
PAR F. LE GONIDEC.

LE CHÂTEAU DE SAUMUR VU DU CÔTÉ DE LA LOIRE (1810).

SAUMUR
IMPRIMERIE PAUL GODET
4, place du Marché-Noir, et rue d'Orléans, 16

1914

LE VIEUX SAUMUR

Commandant ROLLE

LE VIEUX SAUMUR

Ouvrage orné d'une vignette en simili gravure
et de
10 planches tirées hors texte en photocollographie
Par F. Le Gonidec.

LE CHÂTEAU DE SAUMUR VU DU CÔTÉ DE LA LOIRE (1819)

SAUMUR
IMPRIMERIE PAUL GODET
4, place du Marché-Noir, et rue d'Orléans, 16

1914

LE VIEUX SAUMUR

LES ARMOIRIES MUNICIPALES

Armoiries de la Ville de Saumur
Cloche de Saint-Nicolas fondue en 1656

Il résulterait de quelques documents cités par C. Port que l'autorisation, donnée aux habitants de Saumur, de tenir des assemblées dans un Hôtel-de-Ville, daterait de 1371 sous Charles V ; nous n'avons pu nous procurer ces textes. Mais on sait que Charles VII, lui aussi, donna à notre ville des franchises municipales ; la charte qui les lui concède est datée de Montreuil-Bellay en 1443. Louis XI confirma, le 31 juillet 1470, cette organisation municipale et autorisa les habitants à construire un Hôtel-de-Ville.

Il entrait dans la politique de Charles VIII et de Louis XI, contre la Féodalité et l'Anglais son allié, d'augmenter les prérogatives des villes, afin de se les attacher, et d'en faire des centres de résistance contre l'ennemi commun.

Saumur ayant reçu sa charte, voici les armoiries qui lui furent octroyées : Un écu muraillé argent au chef d'azur, accompagné de trois fleurs de lys d'or et une S de gueule sur le tout, surmonté d'une couronne murale et entouré de la légende : *Mœnia fallunt hostem, dextra domat tormentum.*

La couronne murale et la devise d'une part, les fleurs de lys d'autre part, symbolisaient l'alliance du roi et de la cité.

Vers la fin du règne de Louis XIV, la situation financière de l'État n'était pas très brillante ; voici un document qui, en indiquant comment on y remédiait, éclaire aussi notre sujet ; il est extrait des délibérations du *Conseil de Ville.*

« Du 26 mars 1697... Sur ce qu'il a été remontré par le Procureur du Roy de cet Hôtel-de-Ville, que Monseigneur l'Intendant nous a marqué par sa lettre du 1er de ce mois, que le Roy souhaitoit que nous fassions faire l'empreinte des armes de la Ville et les porter au bureau des Armoiries pour les faire enregistrer et payer les droits audit bureau suivant le tarif. En quoi exécutant promptement ses ordres, la chose sera fort agréable à Sa Majesté et donnerions par là l'exemple au public pour donner à Sa Majesté les ressources qu'il espère dans la conjoncture, requiert qu'il y soit pourvu.

« La matière mise en délibération, le Conseil prie et requiert M. Julien Hudault, premier échevin, et Joseph Hallé, procureur du Roy, de se transporter au bureau des armoiries establi en ceste ville, où ils donneront l'empreinte des armes de la ville et payeront les droits portés par le tarif, et à ceste fin qu'il leur sera délivré mandement de la somme, pour lesdits droits.

« Fait et enregistré ledit jour.

« Mocet, Hudault, V. Joyau, Hallé, Procureur du Roy, J. Maupassant, Dandenac. »

Elon de Saumur

REGISTRE 7er

N° 6

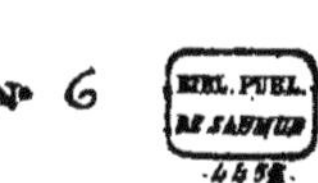

PAR ORDONNANCE RENDUE le 24e du mois de Juillet de l'an 1699 par Mrs les Commissaires Généraux du Conseil députés sur le fait des Armoiries.

Celles de la Ville de Saumur

Telles qu'elles sont ici peintes & figurées, après avoir été reçues, ont été enregîtrées à l'Armorial Général dans le Régitre cotté Tours en conséquence du payement des droits réglés par les Tarif & Arrest du Conseil, du 20e de Novembre de l'an 1696. en foi de quoi, le présent Brevet a été délivré A Paris par Nous CHARLES D'HOZIER, *Conseiller du ROI & Garde de l'Armorial Général de France, &c.*

d'Hozier

A la suite de la démarche qui précède, de nouvelles armoiries furent concédées à Saumur ; les lettres patentes étaient datées du 24 juillet 1699, on en trouvera plus loin le détail. A cette époque, l'esprit qui avait présidé à la concession des premières armoiries n'existait plus ; l'unité territoriale de la France était indiscutable et l'autorité royale incontestée ; notre blason municipal s'en ressentit. On supprima dans nos armes et la couronne murale et la devise. Nous donnons ci-dessous, en *fac-simile*, les Armes de Saumur telles qu'elles figurent sur un document daté du 9 Décembre 1788.

1788.

Sous la Révolution, les armoiries furent momentanément supprimées.

Vint l'Empire. En 1809, il fut question de rendre aux Villes leurs armoiries en les modifiant. La municipalité de Saumur fit même à cette époque quelques démarches en ce sens, mais il ne semble pas qu'elles aient abouti et la question ne revint qu'à la Restauration.

Par ses Ordonnances du 26 Septembre et du 26 Décembre 1814, Louis XVIII avait décidé que les villes de France reprendraient leurs anciennes armoiries ; mais les Cent-Jours vinrent surseoir à l'exécution de cette mesure qui ne fut reprise qu'en 1818. Le 20 juillet de cette année, la Municipalité Saumuroise adressa au Roi sa demande tendant au rétablissement de ses armoiries et dont voici la teneur : « Le Conseil, en conformité des Ordonnances Royales des 26 Septembre au 26 Décembre 1814, a voté leur rétablissement... Le crédit de cent francs proposé est donc destiné à payer les frais de Sceau, ceux des référendaires, timbres de requêtes, etc. Les Chartes patentes en vertu desquelles la concession primitive ont eu lieu, ont probablement été détruites dans les premiers temps de la Révolution, puisqu'elles ne se retrouvent plus dans les archives de la ville ; mais le dessin conservé malgré le ravage de ces temps désastreux sont sous les yeux du Conseil qui en a arrêté le dépôt dans lesdites archives, et qu'une copie serait jointe au budget, prouve évidemment leur antique existence : Un écu muraillé argent au chef azur, accompagné de trois fleurs de Lys en or et une S gueule, sur le tout, surmonté d'une couronne murale et entouré de la légende : *Mœnia fallunt hostem, dextra domat tormentum.*

« Tels sont les différents emblèmes des Armoiries que le Conseil Municipal désire voir revivre comme un monument des fastes historiques d'une ville remarquable par son antiquité, par son respect et son amour pour ses Souverains, et qui fut honorée de la protection du Bon Henry.

« Pour extrait conforme,
« Le Maire de la Ville de Saumur,
Nel Hy MAYAUD. »

On voit que la Municipalité voulait faire revivre les Armoiries données par Charles VII et elle en donne une description héraldique qui n'est pas impeccable.

Comme suite à sa demande, la Municipalité reçut la lettre suivante :

Paris le 30 Octobre 1819,

A. Belliard Référendaire en la Chancellerie de France,
Chevalier de Saint-Louis.

A Monsieur N. H. Mayaud, maire de Saumur.

Monsieur,

« Chargé par le Ministre de l'Intérieur de suivre près la Commission du Sceau les affaires émanées de son Département, j'ai proposé la demande que forme la ville de Saumur d'être autorisée à reprendre ses anciennes armoiries.

« Il résulte des recherches qui ont eu lieu à cet égard, que le dessin que vous m'avez transmis n'est pas conforme à celui des armoiries qui furent attribuées à la ville de Saumur par l'Ordonnance des Commissaires Généraux du 24 juillet 1699. L'armorial général de Tours, page 461, art. 6, les énonce ainsi qu'il suit : Coupé d'azur sur gueules à une fasce d'argent brochant sur le tout, crénelé de deux créneaux du même, maçonné de sable et accompagné en chef de trois fleurs de lys d'or rangées et en pointe de la lettre S. aussi d'or.

« La différence ne consiste guère que dans l'arrangement des pièces qui toutes sont conservées, sauf la devise. Je vous prie de vouloir bien communiquer ma lettre à votre Conseil Municipal et me faire connaître s'il consent à recevoir de nouvelles lettres patentes conformes à l'Armorial général, ou s'il persiste à demander les armoiries dont vous m'avez transmis le dessin. Dans ce dernier cas, cette affaire donnerait ouverture au paiement des droits de première concession ».

Le Maire de Saumur répondit le 13 novembre :

« Monsieur,

« Conformément à la lettre que vous m'avez fait l'honneur de m'écrire, j'ai consulté le Conseil Municipal... Il consent à recevoir de nouvelles lettres patentes que je vous prie de bien vouloir faire expédier conformes à l'Armorial général.

« Cependant, et vieilles empreintes et vieux parchemins B[a] qui existent dans les archives de cette ville, attestent que la devise et la couronne murale sur le dessin que j'ai joint à la demande du Conseil, doivent faire partie de ses armoiries. Vous devez au surplus, Monsieur, avoir à cet égard des documents positifs...

« Je désire avoir avec les nouvelles lettres patentes, deux cachets, l'un pour la cire, l'autre pour l'encre ».

Le 21 novembre 1819, le Référendaire au sceau écrivait au Maire de Saumur :

« Monsieur,

Vos lettres patentes seront scellées très prochainement. Si vous n'avez pas l'occasion de les faire prendre chez moi, je pourrais vous les adresser par la diligence avec les cachets que vous désirez.

« La couronne murale appartient de droit aux villes, mais la devise, ne vous ayant pas été accordée par aucune charte antérieure, ne saurait être mentionnée dans vos nouvelles lettres patentes. Cependant la Commission ne les défend pas quoiqu'elle ne veuille pas les consacrer et vous pouvez adopter la vôtre comme ornement extérieur de l'Ecu ».

La Commission de Louis XVIII, en effet, ne pouvait déjuger celle de Louis XIV.

Peu après, l'arrivée prochaine des nouvelles Armoiries était ainsi annoncée à M. Mayaud, maire :

« Paris, le 19 décembre 1819.

« Monsieur,

« Je m'empresse de vous informer que je vous adresse ce jour, par la diligence de Nantes, une boîte enregistrée sous le n° 4, qui contient les lettres patentes et les deux cachets aux armes de la ville de Saumur. Je vous prie d'avoir la bonté de m'accuser réception de cet envoi ».

On a sans doute remarqué que le texte de la légende placé sous les yeux du Conseil Municipal par le Maire, puis envoyé à Paris portait... *dextra domat tormentum*. Or, à leur arrivée, les cachets portaient *tormentum dextra domat*, ce qui n'est pas indifférent ; on peut traduire *dextra domat tormentum* par :

notre courage dompte la tourmente, la bataille ; par l'inversion, il y a complication, inutile tout au moins.

Il est probable que cette transposition résulta d'un *lapsus calami* dû au Référendaire au sceau ou à ses agents.

1819

Ne chicanons pas sur un mot ; elle est bien belle et fière la devise des Saumurois, puisqu'aussi bien on peut l'interpréter :

Nos remparts bravent l'ennemi
Notre courage dompte la tourmente (1)

Le texte latin fut l'objet d'une discussion dans la séance du Congrès archéologique du 6 juin 1862 ; mais le procès-verbal ne dit pas dans quel sens opina la docte Assemblée. On y fut d'accord toutefois pour en faire remonter l'origine à Charles VII.

Les lettres patentes portant concession des armoiries à la ville de Saumur sont ainsi conçues :

« LOUIS par la grâce de DIEU
Roi de France et de Navarre,
A tous présens et à venir, Salut.

« VOULANT donner à nos fidèles sujets des villes et communes de Notre Royaume, un témoignage de Notre affection et perpétrer le souvenir que Nous gardons des services que leurs ancêtres ont rendus aux Rois, nos prédécesseurs, services consacrés par les Armoiries qui furent anciennement accordées aux dites villes et communes, et dont elles sont l'emblême, Nous avons, par notre Ordonnance du vingt-six septembre mil-huit-cent-quatorze, autorisé les villes, communes et corporations de Notre Royaume, à reprendre leurs anciennes armoiries, à la charge de se pourvoir à cet effet par devant notre Commission du Sceau ; Nous réservant d'en accorder à celles des villes, communes ou corporations qui n'en auraient pas obtenu de Nous ou de Nos prédécesseurs ; et par Notre autre ordonnance du vingt-six décembre suivant, Nous avons divisé en trois classes les dites villes,

(1) D'aucuns traduisent : *Le canon.*

communes et corporations. En conséquence le Sr N. H. Mayaud, maire de la ville de Saumur, département de Maine-et-Loire, autorisé à cet effet, par délibération du Conseil Municipal du vingt juillet mil-huit-cent-dix-huit, s'est retiré par devant Notre Garde des Sceaux, Ministre Secrétaire d'Etat au Département de la Justice, lequel a fait vérifier en sa présence par Notre Commission du sceau, que le Conseil Municipal de la dite ville de Saumur, a émis le vœu d'obtenir de Notre grâce, des lettres patentes portant concession des armoiries suivantes :

« Coupé d'azur sur gueules à une fasce d'argent, brochant sur le tout, crénelé de deux créneaux du même, maçonnée de sable, et accompagnée en chef de trois fleurs de lys d'or rangées, et, en pointe de la lettre S. aussi d'or. Lesquelles armoiries avaient été accordées à la dite ville par les Rois Nos illustres prédécesseurs. Et, sur la présentation qui nous a été faite de l'avis de notre Commissaire faisant près d'elle fonctions de Ministère public, Nous avons, par ces présentes, signées de Notre main, autorisé et autorisons la ville de SAUMUR à porter les armoiries ci-dessus énoncées, telles qu'elles sont figurées et coloriées aux présentes ».

« MANDONS à nos amés et feaux Conseillers en Notre Cour Royale d'Angers, de publier et enregistrer les présentes : car tel est Notre bon plaisir. Et afin que ce soit chose ferme et stable à toujours, Notre Garde des Sceaux y a fait apposer par Nos ordres, Notre grand Sceau en présence de Notre Commission du Sceau.

« DONNÉ à Paris, le quatrième jour du mois de décembre de l'an de grâce mil-huit-cent-dix-neuf, et de Notre règne le vingt-cinquième ».

LOUIS.

Vu au Sceau
Le Garde des Sceaux, Ministre d'Etat
au Département de la Justice,
DE SERRE.

Par le Roi
Le Garde des Sceaux, Ministre Secrétaire d'Etat
au Département de la Justice,
DE SERRE.

Les lettres patentes de Charles VII furent détruites le 30 brumaire an II (20 novembre 1793) lors du « Brûlement des titres féodaux ».

Commandant ROLLE.

SAUMUR. — IMPRIMERIE P. GODET. 11.872

Vue de Saumur en 1850

LE VIEUX SAUMUR

Commandant ROLLE

Généralités

J'ai précédemment présenté au lecteur un Saumur dans l'action ; parfois turbulent, belliqueux ; j'ai décrit sa vieille enceinte ; je me propose aujourd'hui d'y pénétrer avec lui et d'en visiter pas à pas, en curieux, l'intérieur pacifique et charmant.

Les Saumurois d'aujourd'hui peuvent être fiers de leurs devanciers ; c'est à juste titre qu'ils apprécient leur esprit de suite, leurs qualités pratiques, qu'ils célèbrent leurs travaux ; en tout cela, ils leur rendent simplement justice. Ce sont nos aînés, en effet, qui, du Saumur ramassé, aux rues étroites et sombres que nous voyons encore dans certains quartiers, ont fait la cité claire et bien percée que nous améliorons encore, et que les étrangers ont plaisir à visiter. La génération qui avait reçu comme voies principales la Grande-Rue et celle du Pressoir-Saint-Antoine, nous a laissé la rue d'Orléans et, à sa suite, la rue de Bordeaux.

Mais n'anticipons pas, et veuillez bien excuser ce *lapsus ;* j'aurais dû écrire plus haut la rue du «Pressoir...» tout court.

? ?...

Eh oui ! Saint Antoine n'est plus ; parti peut-être à la recherche de son compagnon, et la rue a dû modifier son nom... Il en est de même, d'ailleurs, pour un certain nombre, dont les vieux noms racontaient l'histoire de notre cité. En sorte que, chers concitoyens, quand plus tard... le plus tard possible, vous rencontrerez aux Champs élyséens les Saumurois qui vous y ont précédés, votre conversation aura bien des chances de donner lieu à de gais quiproquos ; dans cette Babel saumuroise vous risquerez fort de confondre les rues.

Aussi j'ai pensé faire œuvre utile en recherchant pour vous les noms qu'elles ont portés... bon gré malgré au cours des temps.

Les arrêtés administratifs, c'est un fait, ont de la peine à prévaloir quand ils s'en prennent au sentiment populaire, aux traditions locales. A Saumur, notamment, la coutume est tellement forte, que rien n'a pu, dans le passé, modifier les appellations de nos vieux quartiers ; chaque jour on va visiter quelqu'un qui habite *sur les Ponts,* ou bien *dans la Maremaillette ;* à moins que ce ne soit *en Fenet, par Saint-Pierre* ou *par Saint-Nicolas ;* on revient *par la Visitation,* on va même *dans le Puits-Neuf,* etc.

Les *citoyens,* je comprends par là surtout les indigènes ou ceux qui habitent notre ville sans esprit... de départ, les Saumurois, dis-je, ont tout intérêt à garder ces vieux noms qui rattachent le présent au passé, qui conservent à leur ville une physionomie qui lui est propre, un attrait particulier, qui, par suite, y maintiennent des activités locales et l'esprit de décentralisation.

Une ville est une grande famille qui a ses titres et des traditions qui établissent l'ancienneté de son origine, la grandeur de son passé, les causes de sa prospérité ; leur oubli, leur abandon est le signe de sa décadence ou l'indice d'une administration exotique ou indifférente, ignorante en tout cas de ses traditions originelles. C'était là l'avis de M. Ratouis, notre compatriote, c'est aussi le nôtre.

Le Conseil Municipal de Paris vient de voter le rétablissement, sur la place du Parvis Notre-Dame, de la borne à partir de laquelle on mesurait autrefois les grandes routes de France. Ce n'est cependant qu'une pierre ; mais elle évoque une tradition dont les Parisiens ont le droit d'être fiers !

Revenons à Saumur. Jusque dans la deuxième moitié du XVIIIe siècle, le nom des rues n'existait que dans la mémoire des habitants, ou on disait : *la rue tendante* de tel monument à tel autre lieudit. Ces noms évoquaient soit une légende, soit un évènement ; un nom local, ou un détail topographique ; rarement le nom d'un grand citoyen. Ils étaient donnés par les habitants, tenanciers héréditaires du sol, *vox populi.* En faisant connaître la petite patrie, ils contribuaient à faire aimer la grande. C'est certainement dans ce but que récemment le Ministre de l'Instruction Publique a prescrit aux instituteurs d'initier les petits Français, leurs élèves, à l'histoire de leur commune, aux vestiges qu'on y trouve encore, témoins de son histoire, monuments à l'ombre desquels ont grandi leurs aïeux. C'est aussi un excellent moyen de les attacher au sol en le leur faisant connaître et de les détourner d'aller grossir à la ville le flot des oisifs, des déracinés.

Rien ne vaut, pour s'instruire, une promenade au cours de laquelle se présentent naturellement, au coin de chaque rue, les occasions de parler des souvenirs que rappellent les noms parfois pittoresquement évocateurs qui leur ont été donnés.

C'est en 1770 que, pour la première fois, à Saumur, on inscrit un numéro sur chaque maison ; on ne pense pas encore à peindre le nom des rues, car on voyage peu, il n'y a guère d'étrangers et les habitants connaissent parfaitement leur ville. Le numérotage achevé, neuf années s'écoulent sans que l'ouvrier soit payé de son travail. Le 26 novembre 1779, il écrit :

« A Monseigneur l'Intendant en la Généralité de Tours.

« Suplie humblement, Gabriel Pattée, peintre à Saumur. Disant qu'il lui est dû par la ville de Saumur la somme de deux-cent-dix livres cinq sols, scavoir 16 l. 10 s. pour onze séances qu'il a fait en 1770 avec Messieurs les Officiers Municipaux pour dresser un état général de toutes les maisons de laditte ville et mettre un numéro à la craye sur chaque porte, et 195 l. 15 s. pour écrire chaque numéro en gros caractères noirs à l'huisle, suivant qu'il les avait marchandés, à raison de deux sols six deniers chacun. Qu'il ne lui a pas été possible jusqu'à présent d'obtenir le payement de laditte somme.

« Pourquoi, Monseigneur, le supliant a recours à votre justice et vous suplie de vouloir ordonner qu'il soit payé de laditte somme de deux-cent-dix livres cinq sols qui lui est légitimement due. Ce que faisant, ferez justice, et le supliant ne cessera d'adresser des vœux au Ciel pour la prospérité et la conservation de votre Grandeur. » (Arch. Municipales).

Ce n'est qu'en 1781, onze ans après, que le sieur Pattée fut payé, sans l'intérêt de son argent.

Le progrès marche, mais marche lentement à cette époque ; en 1784 seulement, on inscrit le nom des rues et nous voyons qu'en novembre 1787 on a payé « à Laurent Hardouin, entrepreneur des bâtiments, la somme de 428 l. 5 sols à luy deu pour avoir gravé et inscrit le nom de toutes les rues de cette ville et de ses faubourgs en l'année 1784 ». Il avait été obligé, lui aussi, de pétitionner pour être payé :

« Vous représente humblement, dit-il aux Officiers Municipaux, qu'il lui est dû par la ville depuis plusieurs années, qu'il a commencé à inscrire le nom des rues, la somme de quatre-cent-quatre-vingt huit livres cinq sols, au moyen de ce que cet ouvrage comporte trois mille deux cent *cinquante-cinq* (1) lettres, à raison de trois sols la lettre, pris convenu. Que ce pris était même médiocre en raison de la

(1) Ces deux derniers mots portés en marge et approuvés.

manière dont on a exigé que cet ouvrage fut fait, en gravant soigneusement et profondément les lettres dans le tuffeau, en faisant en plastre les joints et les cavités qui s'y rencontraient, regrattant les pierres et quelque fois étant obligé d'en reposer de nouvelles ; ouvrage d'ailleurs dans lequel il a toujours été obligé de se chaufauder.

« Qu'il est dans le plus grand besoin de toucher cet argent, et d'autant plus qu'il a perdu beaucoup d'autres ouvrages pour se lier à celui-cy, qui étant de la plus grande utilité dans cette ville. Pourquoi il vous prie, Messieurs, de lui faire compter sans retard cette somme qui lui est due depuis *si longtemps* et requière à sa perte votre générosité.

« A Saumur le trente Aoust mil-sept-cent-quatre-vingt-sept ».

En 1791, des changements importants modifient profondément l'organisation municipale. Jusque-là, Saumur ne comportait qu'une paroisse, Saint-Pierre, avec deux succursales, Saint-Nicolas et Nantilly. Un décret de l'Assemblée Nationale du 2 juin érige en paroisse ces deux derniers quartiers, et le même décret fait une quatrième paroisse du quartier des Ponts qui jusque-là faisait partie de Saint-Pierre, en y joignant la Croix-Verte, qui était rattachée à Saint-Lambert-des-Levées. Cette paroisse prit le nom de Saint-Jacques et eut comme église la chapelle des Capucins.

Les numéros des maisons, peints à l'huile, ne se voyaient plus à cette époque et le 13 juin 1791, les comptes de la ville nous apprennent « qu'il a été payé au nommé Léger, peintre, 48 l. pour seize jours et un quart qu'il a employés à faire le numérotage des maisons de cette ville et faubourgs. » (Arch. Municipales).

En 1793, nouvelle organisation et laïcisation générale. Les paroisses deviennent des « Sections ». Les Ponts-la-Croix-Verte ou Saint-Jacques, devient « Section de la Liberté » ; Saint-Nicolas, « de l'Égalité » ; Saint-Pierre, « de la Fraternité », et Nantilly « Section de l'Unité ». On enlève les croix partout où on en trouve, on racle les écussons, on gratte les armoiries, on veut effacer l'histoire. Les membres de la *Société Populaire*, envoyés de Paris ou d'ailleurs, vont se charger de donner d'autres noms à nos rues ; il y a urgence paraît-il. L'Administration du District, le Comité de Surveillance révolutionnaire deviennent pressants, mais la Municipalité ne peut que répondre le 12 germinal an 2 (2 avril 1793) :

« L'inscription des rues, suivant les nouvelles dénominations à leur donner, ne traîne en longueur que par le défaut d'artistes. Celui qui les avait écrits est mort. Nous avions trois peintres qui faisaient des inscriptions, qui sont également morts ; il ne nous reste dans ce moment que Gauthier, que vous chargez des inscriptions autour du bâtiment de la Comédie (1). Vous voyez la lenteur et l'inexactitude avec lesquelles il opère. Nous espérons trouver un autre homme pour l'inscription des rues. Nous vous proposerons au premier jour nos vues sur la nomenclature des nouveaux noms à leur donner. »

A force de chercher on finit par trouver « l'artiste » qui sera chargé de ce travail. Il est prudent, paraît-il, et entend ne s'engager qu'à bon escient. Les assemblées de la Municipalité sont publiques ; il y va donc un jour et le procès-verbal de la séance du 29 floréal an II nous apprend que :

« Le citoyen Pierre Bernier, chargé d'inscrire les nouvelles dénominations des rues a demandé la parole et a témoigné le désir de savoir sur quel pied il serait payé. Un des membres de l'Assemblée a dit avoir offert trois sols audit Bernier, pour chaque lettre, y compris les frais d'échafaudage, l'effacement des anciennes inscriptions et le remplissage des trous faits pour porter l'échafaud.

« Il a été arrêté après discussion qu'il serait payé trois sols six deniers par chaque lettre aux conditions ci-dessus, ce qui a été accepté par ledit Bernier. »

Le temps passe ; il passe même très vite à cette époque si remplie d'évènements tragiques au dedans, glorieux au dehors.

Au 9 thermidor, un rayon de soleil brille au ciel de l'Anjou : l'espoir renaît, car les terroristes s'éclipsent les uns après les autres et le silence se fait sur eux... trop complètement.

La population, qui n'est plus opprimée, va pouvoir reprendre ses anciennes habitudes, et la Municipalité s'occuper des détails de voirie. Le 19 vendémiaire an III, elle arrête :

« Que les maisons de cette commune seront numérotées par rue, à commencer dans chaque par n° 1, jusqu'au dernier des maisons. Que la série des numéros sera de suite d'un côté de chacune des rues, en revenant par l'autre côté. »

Avec ce système, on vit des maisons ayant le numéro 1040 et au-dessus.

C'est une déplorable habitude que celle qui consiste à changer le nom des rues au hasard des courants politiques... qui tour à tour prennent leur revanche.

(1) Il peignait des devises républicaines dans la Salle de Spectacle.

Le 24 ventose an III (15 mars 1795), au Conseil Municipal, l'Agent National fit un « réquisitoire » tendant à la suppression des inscriptions des rues, sous les dénominations de « Marat et des Jacobins » ; et, docile, le Conseil désigna quatre Commissaires « pour proposer les noms des rues à changer et ceux à substituer ». Quelques noms furent changés ; la rue du Pont Marat (rue conduisant au Pont-Fouchard), par exemple, devint rue Nationale ; mais la plupart demeurèrent jusqu'à la Restauration (14 septembre 1818), époque à laquelle on revint aux noms traditionnels. On maintint cependant quelques noms de l'an II, notamment à la rue Beaurepaire.

Les Vieux Boulevards

Ne vous en déplaise, autrefois une ceinture non interrompue de promenades entourait la ville, suivant le contour de sa vieille enceinte, entre celle-ci et le bourg de Nantilly, le faubourg des Bilanges et la Loire jusqu'au Port-au-Bois (place Saint-Michel).

Ces boulevards étaient plantés de deux rangées d'ormeaux qu'arrosaient les « douves » : ils n'étaient pas très larges, à la vérité, ces boulevards, mais ne laissaient pas de donner à Saumur une délicieuse ceinture de verdure à travers les jardins ; ils commençaient au bas du Château. La partie comprise entre la porte du Bourg jusques et y compris l'emplacement du Temple protestant, avait nom « le Petit Mail » ; une rue en porte encore le nom.

L'emplacement de la Gendarmerie et les terrains environnants formaient « la Promenade de la Douve », et la place Du Petit-Thouars était dénommée « Balotte du Portail Louis » ; c'est là que les enfants du quartier prenaient leurs ébats, ainsi que dans « le Grand Jardin », qui joignait un peu plus à l'Ouest. De là, en allant au nord, on avait le « Boulevard de la Bilange », et la partie qui contournait la tour Cailleteau, près du théâtre, était « le Cours, ou coin Ronsard ». Venait ensuite le «Boulevard de la Tonnelle» et en continuant, « le Quai au Bois » et la « Balotte de Fenet », au pied de la tour.

Après les troubles de la Fronde, Saumur, moins le Château, fut déclassé comme place forte, et, en 1654, le Domaine royal commença à aliéner les terrains dépendant des anciennes fortifications. Entre les mains des Fermiers généraux, ces terrains furent vendus ou « arrentés » et on se mit aussitôt à construire dessus en ne conservant qu'une simple voie, plus spacieuse toutefois qu'auparavant.

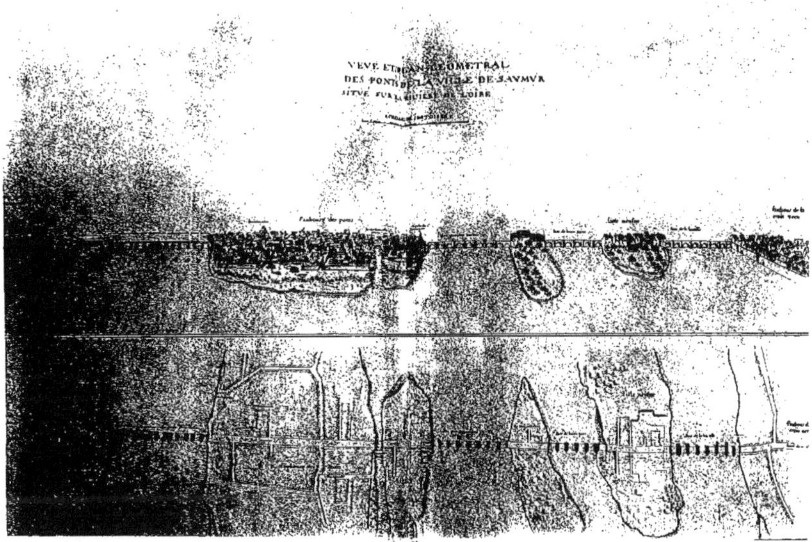

Les Ponts de Saumur en 1680

Les Vieux Ponts et les Iles

Le premier pont jeté sur la Loire était en bois et fut construit en 1161 ; il fut emporté plusieurs fois par les eaux, notamment en 1516, lors du « Déluge de Saumur », ceci dit pour prendre date.

Jusqu'au milieu du XVIIIe siècle, six ponts faisaient communiquer les deux rives de la Loire, en face de Saumur, en traversant cinq îles, c'étaient :

1° Le « Pont Foulon », du nom d'un échevin, lequel pont allait de « la porte de la Tonnelle » à « l'Ile de la Saulnerie ». En 1676 la ville percevait encore 30 livres pour les boutiques et logements qui étaient construits sur ce pont.

2° Le pont «de la Croix de Par-Dieu », qui reliait l'île de la Saulnerie à l'île d'Offard ; son nom lui venait de ce que, traversé par l'île de la Saulnerie et prolongé par le pont Foulon, il formait une croix. Vers 1620, on l'appelait aussi « Pont de la Fougeraye », parce qu'il aboutissait dans l'île d'Offard, vis-à-vis la maison de ce nom.

3° Le pont ou « l'Arche du Moulin Pendu », de l'île d'Offard à « l'îlot du Moulin Pendu », ainsi nommé parce que le premier moulin fut installé là, et était retenu ou « pendu » par des câbles.

4° Le « Pont Rouge », qui reliait l'îlot qui précède à celui dit « des Trois Maisons » ; cet îlot fut en partie enlevé et la « boire » comblée lors de l'élargissement du bras des Sept-Voies en 1835.

5° Le pont jeté sur la « Boire Torse » qui séparait l'îlot des Trois Maisons de « l'Ile Neuve ».

6° Le vieux « Pont de la Bastille ou des Sept Voies », qui fait encore communiquer l'Ile Neuve avec la Croix-Verte. Ce pont, de beaucoup le plus ancien de ceux qui existent, fut construit de 1230 à 1235.

Il y a lieu de mentionner d'autres ponts encore et vieux aussi, qui peuvent être considérés comme Saumurois ; ce sont « les Ponts Fouchards », car ils étaient trois, et cela résulte d'un projet daté du 23 mai 1746. A cette époque, la belle route qui va en ligne droite jusqu'à Doué, n'existait pas encore et ces ponts servaient de débouché au vieux chemin qui passe au pied du « Petit Dolmen » et qui prenait ensuite la direction de la « rue de Nantilly » sur la façade de l'église. Il y avait, en partant de Nantilly :

1° Un pont de quatre arches, appelé « Pont du Moulin », qui traversait une partie de la prairie.

2° Le « Pont Saint-Lazare » qui prenait près de la Maladrerie et qui était relié au précédent par une chaussée garnie de murs.

3° Le Grand Pont qui débouchait sur le territoire de

Bagneux. Il fut emporté par les eaux dans la nuit du 26 au 27 novembre 1770.

D'après C. Port, son nom daterait au moins du XIe siècle ; Pons Fulchardi 1055-1070 (Liv. N, ch. 219).

Par assimilation on a dû faire Fulchardi de Furcardi ; de Furca, Fourche. Le Grand Pont, en effet, formait un angle obtus vers son milieu, la pointe en amont, et dans cet angle était plantée une croix sur le parapet.

Les Ponts Modernes

Pendant longtemps les communications entre Saumur et Saint-Florent eurent lieu par le « Chemin Charnier » et le « Breil » ; on passait le Thouet sur un bac situé près de l'Abbaye. En 1818, la partie du chemin comprise entre le Breil et la levée reprit son ancien nom, « Chemin du bac Saint-Florent ».

Le premier pont, établi en cet endroit, était un pont suspendu qui fut livré au public en 1840. La circulation sur ce nouveau pont fut réglementée, peu de temps après sa construction, par un arrêté du 6 juin 1877, et le *péage* supprimé le 14 du même mois. Il a été remplacé par le pont de fer actuel.

Le premier projet de transformation des ponts de Saumur date de 1752. Quelques temps auparavant, deux arches du pont de la Croix-de-Par-Dieu s'étant écroulées, on s'était mis à les reconstruire, lorsqu'on s'aperçut « que les ponts au commencement établis sur les six bras de la Loire, du faubourg de la Croix-Verte jusqu'aux quais de la ville, étaient dans un état de dépérissement qui nécessitait leur reconstruction successive ». C'est alors que M. de Voglie, ingénieur en chef de la Généralité de Tours, se détermina à proposer un alignement général dans la direction du Pont Fouchard, en construisant deux ponts pour remplacer les six qui menaçaient ruine. C'est là le début de la grande traversée qui a été exécutée depuis et qui a si heureusement transformé la ville, en facilitant son développement et en supprimant l'obligation où l'on était de passer par les rues étroites des vieux quartiers.

« Le pont Cessart », comme on le sait, a pour parrain l'ingénieur qui le construisit ; le détail des projets, devis et travaux est à la bibliothèque municipale en huit ou neuf volumes manuscrits. Les devis remontent à 1752 ; les travaux commencèrent le 3 mai 1756, et la première pierre fut posée le 5 octobre de la même année ; il fut enfin livré à la circulation en 1770.

Dès son achèvement, il reçut le nom de « Pont-Neuf »

L'ancien Théâtre et le nouveau Pont

qu'il reprit à la Restauration. Pendant la Révolution, on l'appela « Pont de l'Egalité ». Ce n'est que vers 1830 qu'on lui donna le nom de son architecte.

Le Pont Napoléon, qui relie le quartier des Ponts à la gare, était prévu dans le projet de la grande traversée dont nous parlions plus haut. Le 12 août 1808, l'Empereur étant à Saumur, l'ingénieur des Ponts et Chaussées lui en présenta le plan dans les salons de l'Hôtel Blancler, place de la Bilange ; Napoléon se mit à genoux sur le tapis pour l'examiner et approuva. Mais les travaux ne commencèrent qu'en 1823 et la première pierre en fut posée en 1825, par le préfet de Maine-et-Loire, qui le baptisa « Pont du duc de Bordeaux », avec l'autorisation spéciale du roi Charles X. Lorsque la duchesse de Berry vint à Saumur, en 1828, on lui en fit visiter les travaux, mais quand il fut livré à la circulation, en 1834, on lui donna le nom de « Pont Napoléon », qui lui est resté.

Parmi les îles que reliaient nos vieux ponts, il en est une que l'on doit regretter, car elle a disparu. C'est l'île de la Saulnerie qui ajoutait au pittoresque de notre ville et qui, convenablement aménagée en promenade, eût été d'un grand charme à notre époque. Son souvenir est bien affaibli ; ravivons-le, car elle méritait d'être conservée.

Elle était située exactement vis-à-vis la rue de la Tonnelle, et très rapprochée de la rive, puisque, seul, un petit pont de deux arches l'en séparait ; elle gênait donc bien peu la navigation.

Bourneau, dans le « Déluge de Saumur », dit que « les seigneurs de Milly et de Baucheron y firent anciennement une tour « pour resserrer le sel », d'où lui vint son nom. Elle avait à cette époque 210 pas de longueur et était séparée de la ville par « le pont et portal Hardouin (1) ». Plus tard, en la garnissant de pierres, on dut la surélever, au détriment de sa surface, car en 1577 elle n'avait plus que « cent pas de longueur et vingt-cinq à trente de largeur ou environ ». (Arch. Municipales). En 1620, les documents disent que sa contenance était « de quatre à cinq boisselées de terre environ, le tout revestu de murailles et quais entre les rivières de Loire et de Vienne ».

Le 8 février 1702, les échevins concédèrent à Pierre Masson, cordier, « l'usage libre de filler et faire filler leurs cordes le long de la muraille du Parc, du côté seulement du faubourg des Ponts... moyennant qu'il sera obligé de sabler annuellement le Parc en toute son étendue, jusque à cinq

(1) Du nom d'un échevin ; plus tard, on l'appela « Pont Foullon », du nom d'un autre échevin.

poulces de hauteur, d'y planter des ormeaux dans les endroits où il en manquera... de rétablir huit toises de long du parapet qui est proche sa roue, refaire les jambages des deux entrées dudit Parc et y mettre des tourniquets ou des pieux ». (Arch. Municipales.)

En 1784, au moment de sa démolition, quatorze immeubles qui y étaient construits durent être expropriés.

Les Vieux Quais

Antérieurement à 1773, la rive de la Loire devant Saumur n'était qu'une plage inclinée, sablonneuse ou boueuse, selon la saison, et dont les ondulations étaient peu favorables à la viabilité. Entre la place Saint-Michel et la porte de la Tonnelle, une rangée de maisons basses avait été construite dans les anciens fossés ; on en voit encore des spécimens aux nos 65 et 38. Là, les terres étaient retenues par un mur à pic sur la Loire, qui en minait les fondations jusqu'à l'écroulement.

Jusqu'en 1630, l'accès du coteau n'avait lieu que par « la rue tendante de la porte du Bourg au Petit-Puy » ou par le chemin de la « Gueule du Loup ». En 1631, les Oratoriens firent relever les terres et construire une sorte de quai en amont de N.-D. des Ardilliers, pour faciliter aux habitants du Petit Puy la fréquentation de cette église ; mais il était interdit aux voitures d'y passer.

A l'extrémité du « quai des Ardilliers », avant le pont de fer, est une habitation bien connue des Saumurois, c'est « le Jagueneau » où Madame de Montespan habita d'une façon intermittente, pour être à proximité de Fontevrault, dont sa sœur, Gabrielle de Rochechouart, était abbesse. Toutefois, l'habitation ne fut pas construite par la favorite ; c'est le Père de la Tour, son directeur, qui, en 1695, se chargea des négociations relatives à l'achat de « cette maison, édifiée sur le quai depuis peu de mois, par l'ordre de M. le duc de Mazarin » (1). Une partie des terrains appartenait à M. Bigot de Gastine.

Le nom de « Jagueneau » était, avant la construction de la maison, une appellation terrienne et nobiliaire ; le propriétaire portait le titre de « Seigneur de Jagueneau », comme en témoignent de vieux actes. (Arch. Municipales.)

En se rapprochant de la ville, les quais n'étaient pas en bien bon état ; à maintes reprises, on dut y faire des réfections coûteuses, notamment en 1697 et en 1746. Ils avaient des noms qui ne sont plus usités : entre la rue des « Fondeurs »,

(1) M. de la Meilleraie qui, ayant épousé Hortense Mancini, fut autorisé à relever le titre de duc.

aujourd'hui rue Trouillebert, et la rue du Grand-Noyer, on avait le « Quai des Fonderies », centre d'une vieille industrie saumuroise aujourd'hui disparue. Entre la rue du Grand-Noyer et celle des Trois-Marchands, était le « Quai Bressigny », comme à Angers et peut-être par imitation. Entre la rue des Trois-Marchands et celle du Relais, c'était le « Quai des Trois-Mores », du nom d'une hôtellerie qui existait sur l'emplacement de l'Hôtel Dupuy-Charlemagne.

La deuxième moitié du XVIIIe siècle avait inauguré, à Saumur, une période d'embellissement que la Révolution vint interrompre. Le 10 juillet 1784, eut lieu l'adjudication des travaux du quai projeté entre la place Saint-Michel et la rue de la Tonnelle ; lesquels travaux furent terminés en 1787.

Jusque-là, ce quai s'était appelé « Quai au Bois » ou « Quai de Fenet » ; il reçut dès lors le nom de « Quai Neuf » jusqu'en l'*an deux* (1793), où on l'appela « Quai des Patriotes ». En 1811, son parcours ayant été classé comme route impériale de Saumur à Limoges, on lui donna le nom qu'il porte actuellement : « Quai de Limoges ». Mais il était alors moins spacieux qu'aujourd'hui ; c'est au mois d'août 1860, qu'on y entreprit de nouveaux travaux d'élargissement qui l'ont fait tel que nous le voyons maintenant.

Entre la rue de la Tonnelle et l'Hôtel de Ville, le « Quai des Boucheries » était le plus central et le mieux aménagé ; il était cependant comme les autres, c'est-à-dire bien étroit, mais il profita amplement des démolitions de l'île de la Saulnerie.

Le bâtiment où se tenaient les boucheries avait été construit en 1654 ; il se trouvait immédiatement après la porte de la Tonnelle, en avant du mur de ville, et par conséquent en saillie sur le quai. Sous le règne de Louis XIV, on y logea à maintes reprises des prisonniers de guerre, espagnols ou hollandais. On finit par reconnaître qu'il était une cause d'insalubrité et on le démolit.

En 1772, Alexandre Cailleau, qui était alors entrepreneur des travaux du Roi, reçut 8.333 livres pour la construction d'une rampe qui descendait du boulevard sur la Loire, dans la direction du pont.

Le 23 septembre 1773, la ville concéda à Michel Drapeau, entrepreneur, l'emplacement des Boucheries « comprenant 20 toises de longueur moyennant 12[1]19 sols, *à charge de bâtir des maisons avec arcades* », conformément au plan annexé. Si de ce qui précède on rapproche la construction, également avec arcades, des maisons de la place de la Bilange qui faisaient face à la « Salle de Spectacle », si on remarque que les premières maisons de la rue d'Orléans furent construites dans le même style et que celles de la rue Nationale le furent également, d'après un même plan, on ne refusera pas un certain esprit de suite à la Municipalité de cette époque, voire même aux habitants.

C'est un peu plus à l'ouest que fut construite la première « Salle de Spectacle », de 1784 à 1788 ; sa façade, orientée vers l'Est, ne dépassait pas le n° 24 de la rue de la Comédie, et au-devant, était « la Promenade », où est actuellement le square du Théâtre. Cette promenade avait été plantée d'arbres en mars et avril 1788, et les terres en étaient assez élevées puisqu'elles surplombaient de deux mètres la rue de la Comédie. Sur le quai, le sol n'en était surélevé que de cinquante centimètres environ. A l'extrémité Est de la Promenade, on avait ménagé un hémicycle rentrant, au milieu duquel était un escalier. C'est en cet endroit qu'eut lieu le 15 novembre 1793 « le brûlement » des titres féodaux. A la même époque, le quai des Boucheries prit le nom de « Quai de la Réunion » ; c'est en face de l'Hôtel de Ville que se réunissait le cortège des fêtes décadaires.

De l'extrémité de l'Hôtel de Ville à la Salle de Spectacle, était le « Quai de la Comédie ».

Vers 1850, on avait repris la transformation de Saumur ; dès le mois de mars 1861, on avait commencé le nivellement de la Promenade de la Comédie, dont les terres servirent à exhausser le Champ de Foire. En mars 1863, on commença la démolition de la « Salle de Spectacle », qui devait faire place au nouveau Théâtre. On sait que ce dernier fut inauguré le jeudi 5 avril 1866 par une représentation du « Misanthrope » et la « Joie fait peur ».

L'une des branches du commerce saumurois se tenait autrefois sous les arcades du Théâtre : le 22 décembre 1866, on demandait au Conseil Municipal la construction de l'escalier qui existe au milieu de la colonnade du côté de la rue de la Comédie. Cet escalier est instamment demandé, disait-on, « par le commerce, pour que la Bourse puisse se tenir sous la colonnade... et pour que *le marché du chanvre*, qui se tient dans la galerie, soit d'un accès facile ».

De l'Hôtel de Ville, il y a peu à dire qui ne soit connu. Lors de la construction du nouvel Hôtel de Ville, en 1856-62, on avait projeté d'étendre la cour intérieure jusqu'à la rue Saint-Jean, en abattant les maisons intermédiaires, mais on recula devant la dépense.

Le « Quai Saint-Nicolas », actuellement « Quai Carnot », fut le dernier construit; quelques Saumurois se souviennent l'avoir vu bordé de son mur à pic au bas duquel étaient de grosses pierres et des immondices... D'importants travaux y furent faits de 1843 à 1853, mais il n'a sa physionomie actuelle que depuis 1860.

A l'angle nord du quai et de la place de la Bascule, se

Façade Est de la Salle de Spectacle en 1862

trouvaient de 1698 à 1758 deux raffineries de sucre qui ont aussi disparu « anéanties à cause des gros droits » (Mém. de Miroménil).

Plus bas, on avait, depuis 1838, « le Quai de l'Ecole de Cavalerie ».

C'est en 1772, que fut construite la levée qui fait suite au quai précédent et défend, de ce côté, la ville contre les crues de la Loire. A son extrémité ouest est « la Blanchisserie » où l'on blanchissait autrefois le chanvre que l'on cultivait autour de Saumur. En 1747, l'établissement appartenait au sieur Joseph Duval, « tisserand et blanchisseur ».

LES VIEUX PORTS

En remontant fort loin dans l'histoire et jusqu'à la construction des chemins de fer, on voit Saumur point de transit et marché important d'entrepôt pour les marchandises passant de la Normandie, de l'Anjou et de la Touraine dans le Poitou et vice versa. La Bretagne, d'autre part, dont le commerce avec la Touraine était très actif, empruntait la Loire comme voie commerciale et Saumur en bénéficiait largement. De là découlait pour notre ville l'obligation d'avoir sur le fleuve des points aménagés pour le transit des grains, des vins, des poteries, etc.

Ces points étaient, sur la rive gauche :

Le « Port de la Blanchisserie », pour les chanvres ;

Le « Port St-Nicolas », vis-à-vis l'église, était spécialement affecté aux vins. En l'an II, on l'appelait « Port de l'Egalité ».

Le « Port Chevalier », en face de la rue de la Fidélité. En 1793 on l'avait nommé « Port de Secours ».

Le « Port Ronsard », qu'on appelait aussi « de la Bilange », était situé en face du Théâtre. Un vieux texte dit qu'en mai 1562, la flottille des Protestants, revenant du pillage de l'Abbaye de Saint-Florent, y débarqua son butin.

Mais pourquoi le nom de Ronsard intervient-il dans les dénominations saumuroises ?

En 1403, on trouve bien à Saumur un Pierre Ronsard, qualifié Seigneur de Munet, mais on ne dit rien de lui... Maintenant si l'on se rappelle que le poète des « Sonnets à Cassandre » rimait aussi en l'honneur d'une certaine Marie Dupin de *Bourgueil* et que d'autre part, il était très lié avec le chantre du *« Petit Liré »*, on peut bien supposer qu'il a pu habiter Saumur...

Plus en amont, on avait le « Port au Bois », vis-à-vis la place Saint-Michel. Ce nom en donne la destination ; de plus, c'est là que débarquaient les péniches chargées de poteries.

Sur la rive opposée était le « Port Larron » puis le « Port

Dardalin » dénommé en 1818 « Port Cigongne » pour honorer la mémoire d'un Saumurois intègre et généreux.

Le « Port du Chaland Percé » était situé à hauteur de la rue de la Visitation.

Un peu plus haut, est encore le « Port du Marronnier » qui au XVIIe siècle s'appelait « Port du Prince ».

Le « Port Sainte-Cécile » était sur la rive sud du bras des Sept-Voies, vis-à-vis le Petit-Pré.

Enfin, un dernier port était situé sur la rive gauche du bras de la Croix-Verte, vis-à-vis la rue Pharouelle dont il avait aussi le nom.

Le Nom des Rues. — Le Long des Rues

« Mon œil trouve un ami dans tout cet horizon ;
« Chaque arbre a son histoire et chaque pierre un nom.
« Qu'importe que ce nom, comme Thèbe ou Palmyre,
« Ne nous rappelle pas les fastes d'un empire...
« Tous ces beaux souvenirs dorment au fond de nous,
« Un nom nous les conserve et nous les rend plus doux. »

De ces beaux vers d'Henri Desaubiers, je ferai un programme ; c'est en m'inspirant des sentiments filiaux qu'ils expriment si bien, que je vais promener le lecteur dans nos vieilles rues, et dire, très succinctement, un peu de leur histoire. J'adopterai aussi la manière de voir, peut-être rétrograde... de notre Conseil Municipal de 1818, auquel on en présentait la nomenclature :

... « Il y reconnait, disait-il, que la plupart des noms qui existaient avant la Révolution y sont rétablis ; que d'autres, tant anciens que nouveaux, y sont maintenus ou autrement désignés, tant pour perpétuer la mémoire des habitants de cette ville qui l'ont honorée par leurs vertus ou leurs talents, que pour les faire concorder avec les faits historiques d'une ville remarquable par son antiquité et célèbre dans la république des lettres.

» On s'est enfin attaché, dans ce tableau, à y inscrire des noms de rues ou de places rappelant leur origine, fixant les époques et flattant la curiosité publique par le souvenir des temps, des lieux, des évènements et des choses. »

Lorsqu'au XIVe siècle, Saumur fut entouré d'une nouvelle enceinte, l'espace manqua bientôt pour y circuler les jours d'affluence : on fut bien forcé de chercher, à l'extérieur, un emplacement pour les foires et marchés. On choisit à cet effet une place située près de la Porte, à l'ouest de la ville.

Dans la partie sud de cette place, on construisit une petite halle où, par la suite, fut perçu le droit de « Poids le

Roi » sur tout ce qui se pesait ; ce droit *était de dix sols par livre au-dessus de vingt-cinq*, il était levé au profit de l'Abbaye de Fontevrault. C'est pour cela que cette place fut dénommée « des Bilanges », puis « de la Bilange », de *bilanx, bilangis*, balance.

Il est à remarquer que la plupart des villes s'étendent vers l'ouest de préférence ; Saumur s'est conformé à cette règle, et la place de la Bilange est, depuis longtemps, au cœur de la ville, la place principale. Sa physionomie, toutefois, a souvent varié en s'améliorant. Le 4 octobre 1556, Fr. Bourneau, Sr de Montagland, Sénéchal, faisant fonction de Maire, concéda « à Pierre Guyon, marchand à Angers, un terrain vague le long du mur de ville, place des Bilanges (1), à charge de construire un grand bâtiment, devant servir de Jeu de Paulme, et payer une rente de 10^l à la ville ». Ce jeu était pratiqué par les jeunes gens les plus distingués de Saumur qui y déployaient leur force et leur adresse. Il consistait à lancer, avec une raquette, une balle élastique que l'un des joueurs devait recevoir et renvoyer de même. (Notes Raimbault). Ce n'était pas autre chose que *le tennis* avant la lettre. Ce jeu de paume avait environ 35 mètres de longueur et 13 de largeur ; au plafond étaient peintes les armes de Saumur ; il était situé entre le café de la Bourse et la rue Saint-Jean.

C'est dans ce jeu de paume qu'en 1589, Duplessis-Mornay cantonna une partie de la troupe avec laquelle il venait de prendre possession de son gouvernement ; c'est là aussi, très probablement, que fut célébré, en premier lieu, le culte protestant.

Le 5 janvier 1615, Jean Bonneau Sr de Maisonneuve, Sénéchal et Maire de Saumur, exposa au Conseil de Ville « que les places vagues sises le long du Grand Jeu de Paulme de la Bilange, encloses de haies avec le dit jeu, étaient inutiles aux habitants, il est expédient de les bailler à rentes à leur profit. »

Vers la fin du premier Empire, le jeu de paume était passé de mode ; le bâtiment tombait en ruines, on le démolit. La vogue, alors, allait au *billard ;* on en comptait dix-neuf à Saumur en 1813.

C'est sur la place de la Bilange que fut brûlé, le 4 février 1602, le nommé de Vera, accusé d'avoir voulu tuer Duplessis-Mornay. C'est là, également, que tombèrent quarante et une têtes en 1793-1794 ; l'emplacement de la sinistre machine était dans la partie nord de la place, sur une pierre de 2 mètres de long sur 1 mètre de large environ, qui fut enlevée en 1840. C'est sur cette pierre aussi que, sous l'ancienne législation, on

(1) Entre le Café de la Bourse et la rue Saint-Jean.

installait le pilori sur lequel on plaçait les condamnés pour les marquer au fer rouge des lettres T. F. (travaux forcés).

En l'an II (1793), la place de la Bilange reçut le nom de « Place du Salut Public ». De 1808 à la fin de l'Empire, elle fut dénommée « Place Napoléon » et, à la Restauration, elle reprit son vieux nom saumurois (1).

Pénétrons dans le quartier Saint-Nicolas. On sait qu'il fut construit et primitivement habité par des familles de pêcheurs qui passaient leur vie « en Loire ». Voici la rue « de la Petite Bilange » qui se termine vis-à-vis l'Eglise St-Nicolas.

Au n° 27 de cette rue, se trouvait, au XVIIe siècle, la première raffinerie de salpêtre exploitée à Saumur et réputée une des meilleures de France.

C'est quand la rue fut construite qu'elle prit ce nom, qui, jusque-là, était celui de la rue Saint-Nicolas, laquelle fut alors nommée « Grande rue des Bilanges ». En 1793, elle reçut le nom de « rue de l'Egalité ».

En 1793, la place Saint-Nicolas avait nom « Place de l'Egalité ».

La « Rue du Pavillon » nous donne l'exemple d'une rue recevant son nom de l'initiative d'un simple particulier.

A la séance du Conseil Municipal du 19 août 1855 « le Président fait part au Conseil que M. Paterne, corroyeur à Saumur, a présenté à M. le Préfet de Maine-et-Loire, une pétition ayant pour objet la demande qu'il fait d'être autorisé à exercer la corroierie dans sa maison, à Saumur, rue du Pavillon, nom donné par le pétitionnaire, autrement dit, nouvelle rue ouverte au port Saint-Nicolas, sur le terrain de la famille Tessier-Boutet ».

Les explications ci-après préciseront mieux l'origine de la rue du Pavillon : « Le 9 décembre 1832, le Président du Conseil Municipal fait donner lecture d'une lettre de M. Boutet aîné, agissant pour la famille Tessier, accompagnée d'un plan... Ce projet a pour but d'ouvrir deux rues ; l'une qui conduirait du Port Saint-Nicolas au Pavillon des Ecuries Neuves (2) ; la deuxième couperait la première dans la direction de la rue des Potiers (rue Chanzy) à la levée, de manière à pouvoir éclairer les rues : Grande rue Saint-Nicolas et Beaurepaire, au regard de la Loire ; terrain situé à Saumur, près le port Saint-Nicolas, appelé la Raffinerie ». Puisse-t-il se trouver encore, à Saumur, quelques généreux donateurs comme Madame Tessier !

La deuxième rue dont il est question au projet ci-dessus

(1) D'une façon générale, comme tous ceux qui avaient été changés en 1793, sauf quelques exceptions.

(2) Ecuries « du Manège » et Pavillon construit en 1830.

ne fut pas percée ; une impasse existe où elle fut amorcée. On avait alors à aménager la rue qui passait devant un établissement annexe de l'École, dont le Ministre de la Guerre avait, en 1828, décidé la création à Saumur : l'Ecole de Maréchalerie. Au moment de son installation, on avait donné à la rue le nom de « Rue des Forges » ; quand l'établissement fut terminé, la rue fut appelée « rue de la Maréchalerie ».

C'est à l'extrémité nord-est de cette rue qu'avait été construit, vers la fin du XVIe siècle, « le Sanitat », destiné à hospitaliser les habitants atteints de fièvres paludéennes, fréquentes à cette époque. Au Conseil de Ville du 14 septembre 1601, il est question « du Bail à rente aux habitants de Saumur de la maison, cour, jardin, terres et appartenances du Sanitat, situé en la place des Chardonnets, joignant... la rivière de Loire ». L'Assemblée du 29 septembre 1631 donne pouvoir aux échevins « de faire préparer le Sanitat au sujet des contagions qui estoient dans les villes voisines de Saumur, et faire faire les réparations, achapts de lits et autres choses nécessaires pour cet effet... plus refaire plusieurs brèches autour et enclos dudit Sanitat du costé vers le cimetière (1), en la longueur de quinze toises. (Archives Municipales).

Sa longueur était de 41 toises (79 mètres) et sa hauteur de 9 à 10 pieds.

Voici le Chardonnet, dernier vestige de la grève qui ne produisait que des chardons, et que recouvraient périodiquement les eaux de la Loire et du Thouet en remontant jusque dans la Mare Maillet. C'est en 1726 qu'il fut planté d'ormeaux achetés à Orléans ; cette plantation empiétait sur le terrain où on a construit l'Ecole en 1763. Il y avait de ce côté cinq à six rangées d'arbres qui constituaient « la Promenade », ainsi qu'on l'avait dénommée, et l'adjudicataire des boues de la ville devait les déposer au pied des ormeaux « pour leur servir d'engrais ».

En 1793, le Chardonnet devint « le Champ-de-Mars » ; on y éleva en son milieu la « Montagne » symbolique sur laquelle fut placé l'autel de la Patrie, pour la célébration de la fête de l'Etre Suprême et plusieurs autres fêtes décadaires. Après la tourmente, les ormeaux, dépouillés de leur écorce par les chevaux qu'on y avait attachés pendant la guerre de Vendée, périssaient en grand nombre ; on les coupa en 1797, et l'année suivante, on enleva la Montagne qui avait cessé de plaire.

La rue Saint-Nicolas s'appela tout d'abord « Rue de la Petite-Bilange », qu'elle échangea plus tard contre celui de « Grande Rue des Bilanges » quand on donna son

(1) De Saint-Nicolas.

premier nom à la rue qui le porte encore ; toutes deux, en effet, débouchaient sur la place des Bilanges. Au XVIIIe siècle, la partie Est de la rue avait nom « Rue des Poëliers » en raison des magasins qui s'y trouvaient réunis. En l'an II (1793) toute la rue reçut le nom de « Rue du Champ-de-Mars », puis en 1818, « Grande Rue Saint-Nicolas » ; depuis, l'usage fut de l'appeler simplement « Rue Saint-Nicolas ». Au numéro 72 de la rue, on voit encore la « Lanterne des Morts », située dans l'ancien cimetière.

Il existe encore une « Petite Rue Saint-Nicolas » qui, en 1793, avait nom « Petite Rue de l'Egalité ».

La rue Courcouronne, au milieu du XVIIe siècle, n'était qu'un terrain vague, une cour, dans laquelle « l'Académie d'Equitation » donna ses leçons jusqu'en 1674 ; le chemin qui conduisait à l'église avait nom « Rue Saint-Nicolas ». Mais le terrain appartenait au Roi ou à la Couronne, de là le nom de la rue qu'on y perça en 1741. Sous la Révolution, cette rue s'appelait « Rue des Caissons ».

La « Rue Chanzy » a reçu ce nom en 1883. Au siècle dernier, les habitants l'appelaient « Rue des Bouchers », bien que les municipalités en 1838, en 1818, au XVIIIe siècle même, la nomment « Rue des Potiers ».

La « Rue Gambetta » était le prolongement de la rue des Bouchers ou des Potiers, c'est aussi en 1883 qu'elle prit le nom du tribun de la défense nationale.

La « Rue Brault » a toujours porté ce nom, sauf pendant la Révolution où on l'appela « Rue des Subsistances » parce qu'elle conduisait à la Manutention des vivres.

La « Rue de la Fidélité » tire son nom du couvent des religieuses de ce nom qui s'y trouvait situé. L'ancienne chapelle, occupée actuellement par plusieurs locataires, est très reconnaissable entre les numéros 37 et 39 de la rue Saint-Nicolas où se trouvait l'entrée.

Les religieuses de la Fidélité eurent, de 1619 à 1650, un autre établissement Montée-du-Château, mais il avait certains inconvénients ; en 1650, menacées de bombardement par l'artillerie du Château, elles le quittèrent peu après pour aller s'établir rue de la Fidélité, dont la rue Daillé devint plus tard le prolongement.

A cette époque, la rue n'était pas percée directement dans la rue Beaurepaire ; là, elle formait une impasse qui ne fut débouchée qu'en 1836. Quand les Oratoriens cessèrent de tenir le Collège, elle emprunta la totalité de la rue Daillé. La partie de la rue de la Fidélité située entre la rue de la Petite-Bilange et le Quai porta, jusqu'en 1846, le nom de « Rue du Port-Chevalier ».

Entre la rue de la Petite-Bilange et la rue St-Nicolas,

L'Hôtel de Ville en 1840

se trouve celle de « la Monnaie » qui aboutit à une impasse fort ancienne, puisque, le 15 octobre 1433, « Jean Binel, seigneur de Lessé, trésorier d'Anjou, donne à Etienne Bastard toute la place de présent, un apentif et tout ainsi qu'il se poursuit et comporte ; auquel apentif fut dernièrement institué et exercé la monnoye dans la ville de Saulmeur et où les ouvriers d'icelle souloient la besôgne ». (1)

L'atelier monétaire semble, tout au moins, y avoir été entretenu aux siècles suivants, puisque le matériel servit encore pendant la Révolution. Voici un des derniers documents qui en fasse mention ; il est adressé aux Officiers Municipaux :

« Saumur, le 20 Décembre 1792, l'An Ier de la République.

» Messieurs,

» J'ai l'honneur de vous prévenir que demain vendredy, je procéderai à la délivrance des pièces d'un sou, fabriquées dans l'établissement monétaire de cette ville.

» *Le Commissaire du Monnoïage de Saumur,*
» Picquet. »

Il y eut d'autres émissions, notamment en janvier et en mars 1793, de pièces de deux sous, fabriquées avec le métal provenant des cloches.

La rue «de la Monnaie» porte ce nom depuis décembre 1838. Après la Restauration, comme avant la Révolution, elle s'appelait «Rue ou Cul-de-sac de la Poulaillerie» ; pendant la Révolution et sous l'Empire, elle avait nom « Cul-de-Sac de l'Egalité ».

Dans la deuxième moitié du XVIIe siècle, la rue Beaurepaire avait nom « Rue du Collège » dans sa partie Est, jusqu'à la rue Brault ; de ce point jusqu'au Chardonnet « Rue du Marché au Vin ». En 1787, on l'appelait « Rue des Casernes ». En 1793, on lui donna le nom du défenseur de Verdun, qui commandait, comme on sait, le premier bataillon des Volontaires de Maine-et-Loire, dans lequel servait «l'élite de la jeunesse saumuroise ». Contrairement à beaucoup d'autres, elle n'en a pas changé depuis.

Le premier collège à Saumur était situé au pied du Château ; il fut démoli par l'artillerie du fort en avril 1650, pendant les troubles de la Fronde. En 1652, Louis XIV, par un arrêt, autorisa l'achat, par la ville, de terrains pour en construire un autre, et le 15 Janvier 1656, les Echevins acquirent de dame Jacquine Delavau, Veuve

(1) *Notice sur Saumur* par Louis Lacour; *Album d'Anjou* du Baron de Wisme.

Drugeon poëlier, « l'hostellerie de l'Ecu de France (1) pour la somme de 14.800 livres » ainsi que d'autres terrains qu'on agrandit encore par la suite.

Le Collège et ses dépendances occupa donc l'espace compris actuellement entre les rues Beaurepaire, de la Fidélité et Saint-Nicolas ; son entrée principale était l'entrée même de la rue Daillé dans la rue Beaurepaire, et il avait une autre issue au numéro 23 actuel de la rue Saint-Nicolas. En 1664, ce Collège tenu par les P. P. de l'Oratoire entretenait 300 élèves. (Rapport de Charles Colbert.)

En 1793, les bâtiments du Collège devenus disponibles, servirent de magasins et de manutention militaire jusque vers le milieu du second Empire.

Comme on l'a vu plus haut, la partie ouest de la rue Beaurepaire avait nom, au XVIIe siècle, Rue du Marché au Vin : un vieux document nous dit que, le 6 Mars 1693, en l'Assemblée de l'Hôtel de Ville, on rappelle qu'on a publié la mise en vente, « à son de trompe et cris publics de la place appelée *Manège avec une Halle* ruinée sise à la porte du Chardonnet, à prendre parallèlement derrière la muraille du jardin de Maistre René François Ferrand, qui servait autrefois *de cimetière à ceux de la R. P. R.* »

Un texte antérieur, de février 1674, parlant de cette même halle dit : « qu'il convient faire murer les ouvertures qui y ont été faites et y faire des portes, n'y en ayant point, pour que le sieur de Lézigny Maliverné, écuyer, puisse travailler dedans, *à la réserve des temps de foire* ». (Archives municipales.)

Il résulte de ce qui précède : 1° que cette halle servait, à l'époque, de manège et de Marché au vin, et se trouvait où est maintenant le Manège des écuyers. 2° Que le terrain environnant avait été le cimetière protestant au début du XVIIe siècle.

Le 25 Juin 1782, un arrêté des Echevins établit sur ce même terrain, « le Marché aux bestiaux », marché qui fut déplacé en 1826, et transporté plus tard au « Champ de Foire » actuel, acquis par la ville en 1829.

On avait besoin, à cette époque, de ce vénérable coin de terre pour augmenter les dépendances de l'Ecole de Cavalerie qui venait d'être réinstallée à Saumur, après l'équipée Berton. Le terrain fut cédé à l'Etat qui y construisit ce qu'on appelle aujourd'hui « les Ecuries de la ville ». Le passage qui est maintenant fermé à ses extrémités et fait communiquer les rues Saint-Nicolas et Beaurepaire, devait former une rue qu'on baptisa « de Clermont-Tonnerre », pour « perpétuer le bienfait du rétablissement de l'Ecole

(1) Qui était située où sont les N°s 30, 32, 34, de la rue d'Orléans.

de Saumur », par ce ministre de la Guerre ; puis on changea d'avis.

C'est dans la « Carrière » située entre ce passage et le Manège, que fut donné le 20 Juin 1828, devant la Duchesse de Berry, le premier Carrousel de l'Ecole de Cavalerie.

Au milieu du XVIIIe siècle, la voie qui prolongeait la rue Beaurepaire le long du Chardonnet, avait nom : « Rue de la Corderie » ; la levée de Saint-Florent n'existait pas, et la rue s'arrêtait à hauteur de l'écurie de « la Moskowa » qui alors était un manège.

Les bâtiments de l'École sont, on peut dire, autour de nous. Je n'ose me risquer sur ce terrain, renvoyant le lecteur au remarquable ouvrage de notre érudit Président : « Les Origines de l'Ecole de Cavalerie. »

Les vieux Saumurois se rappellent avoir vu le terrain occupé par les rues Gambetta et de Lorraine, tout en jardins, souvent inondé et dépourvu de constructions. Le numéro 28 de la rue de Lorraine fut le premier construit, en 1864. Le terrain nécessaire à l'établissement de la rue avait été donné à la ville par M. Luzé, jardinier.

Entre la rue de Lorraine et la rue d'Orléans était une mare, qui appartenait à un M. Maillet, et qui depuis a été remblayée, le chemin qui longeait cette mare fut donc appelé rue de la *Marmaillette,* en doublant le T, selon l'accent saumurois.

Rapprochons-nous de la grande artère. La rue Daillé, on l'a vu, traversait les terrains de l'ancien Collège, comme faisant partie de l'ancienne rue de la Fidélité ; la partie Est était aussi connue à la fin du XVIIIe siècle, sous le nom de « Rue du Plat-d'Etaim » du nom d'une auberge. C'est en 1838 qu'on lui donna le nom du professeur de l'Académie Protestante.

Le projet de *la grande traversée* de Saumur (1) ne s'est pas réalisé d'un seul jet, et son achèvement est relativement récent. Dès la construction du nouveau pont Fouchard, on avait amorcé la rue de Bordeaux actuelle.

Le 7 frimaire an XIII (28 novembre 1804) eut lieu l'aliénation des terrains et bâtiments de l'ancien Collège pour indemniser les propriétaires des maisons qui se trouvaient « dans la percée de la nouvelle rue du Pont-Fouchard », entre la rue Beaurepaire et la rue Bodin ; ces travaux eurent lieu à partir de 1822. En même temps, on avait mis à l'alignement les maisons voisines de la rue Saint-Jean qui avançaient, ne laissant qu'une largeur de cinq ou six mètres. C'est en 1867 seulement que fut construit l'édifice qui est, pour peu de temps encore,

(1) Rues d'Orléans et de Bordeaux.

« l'Hôtel des Postes », sur l'emplacement de la vieille hôtellerie de « l'Ecu de Bretagne », ce qui établit une communication directe entre la rue Beaurepaire et la rue Dacier. La rue d'Orléans avait dès lors la physionomie d'une belle artère. Il en est peu qui puissent, au même titre, rappeler nos vicissitudes historiques. Avant la Révolution, on la nomme « Rue Neuve du Pont-Fouchard ». Sous la première République, le tronçon qui existe est appelé « Rue du Pont-Marat » (prolongeant la rue de Bordeaux). Après le 9 thermidor, elle devient « Rue Nationale » ; sous le premier Empire, elle prélude à son bel avenir sous le nom de « Rue Joséphine » ; en 1818, on la nomme « Rue Neuve d'Angoulême », pour perpétuer le souvenir du passage de S. A. R. ; en 1831, elle devient simplement « Rue Neuve » ; en 1838, on l'appelle enfin « Rue d'Orléans », mais ce n'est pas fini ; en 1848, elle devient « Rue de la Liberté » ; sous le second Empire on lui restitue son nom de « Rue d'Orléans », restons-en là !

C'est en 1838 qu'on donna à la place Maupassant le nom de l'ancien maire qui parlementa avec le général Berton ; avant on disait « le Rond-Point ».

La rue de Bordeaux avait été amorcée dès 1778 après la construction du nouveau pont Fouchard ; toutefois ce n'est qu'en 1828 que fut construite la première maison de cette rue, le numéro 13 actuel, un peu en retrait de l'alignement. En certains endroits la levée dominait de quatre mètres les terrains environnants, qu'il fallut remblayer. A ses débuts, on l'appela « Rue Neuve du Pont-Fouchard » ; en l'an II, elle eut nom « Rue du Pont-Marat », puis « Rue Nationale » en 1795 ; sous la Restauration, elle redevient « Rue Neuve du Pont-Fouchard » et en 1838 on la nomme « Rue de Bordeaux », dont elle indique la direction.

Au XVIIIe siècle, la « Rue Fardeau » était connue sous le nom de « Ruelle de la Corderie » ; elle était dans le prolongement du « Chemin-Vert » dont elle faisait partie, de même que la rue Bury actuelle, qui, pour cela, avait été nommée « Rue Verte » en 1838.

Au XVIIIe siècle, la plus grande partie du « Champ-de-Foire » faisait partie du « Pré-aux-Clercs » dont parle le docteur Gaulay (1). Il sert de marché aux bestiaux depuis 1829.

La « Rue Bouchard » a reçu ce nom en 1894, en mémoire du médecin célèbre et de l'homme de bien qu'était notre compatriote. Au moment où elle avait été ouverte en 1846, elle avait été nommée « Rue du Champ-de-Foire » ; depuis, ce nom a été donné à la rue qui le porte actuellement et dont les terrains avaient été acquis en 1854.

(1) Souvenirs Anecdotiques sur Saumur.

L'Eglise de Nantilly avant l'alignement de la rue

La rue Saint-Lazare s'appelait « Rue du Pont-St-Lazare » à la veille de la Révolution ; elle aboutissait à l'un des « Ponts Fouchards », à hauteur de l'ancienne Maladrerie qui avait été supprimée par un arrêt du Roi du 6 juillet 1696. La Maladrerie se composait, à cette époque, d'une chapelle, de vieux bâtiments et de deux pièces de pré, le tout sur le Thouet, à la jonction des rues Fardeau et Saint-Lazare. En 1905, on donna à cette voie le nom de rue Hoche.

A la rue Saint-Lazare fait suite la rue de Nantilly aboutissant à la façade de la plus vieille église saumuroise.

A la fin du XVIIe siècle, la partie de cette rue comprise entre l'église et la rue de la Chouetterie avait nom « Rue du Dauphin », du nom d'une hôtellerie où « pendait un dauphin » ; au XVIIIe siècle, on la nommait « Rue de l'Arche-du-Mouton », nom qu'elle reprit à la Restauration, après s'être appelée, « Rue de l'Unité » sous la Révolution et l'Empire. L'Arche-du-Mouton, située près de la place du même nom, franchissait un ruisseau dans lequel se déversaient les « Boires » voisines. En 1838, on donna le nom de « Rue de Nantilly » aux rues de l'Arche-du-Mouton et du Pont-Saint-Lazare réunies.

En l'an II, la place située vis-à-vis l'église fut nommée « Place de l'Unité ».

La rue du Pressoir-Saint-Antoine tenait son nom, au XVIIIe siècle, du pressoir banal qui était situé vers les dernières maisons du faubourg. En l'an II, on la nomma « Rue du Faubourg-de-l'Unité ».

En 1818, on avait donné au chemin qui, de là, se dirigeait vers Varrains, le nom de « Rue du Grand-Cimetière » ; cette appellation a été abandonnée.

Jusqu'au commencement du XIXe siècle, la petite « Rue de Fontevrault » était la voie qu'on empruntait pour se rendre à l'Abbaye ; depuis 1905, elle s'appelle « Rue Marceau ».

La rue de « la Gueule du Loup » est fort ancienne puisqu'elle est nommée, en 1402, dans le manuscrit : « La Confrairie de N. D. Mioust » ; (1). Le nom « Gueule du Loup » lui venait sans doute de ce que, jusqu'au siècle dernier même, ces carnassiers se montraient aux portes de la ville, à la faveur du côteau boisé. Depuis très longtemps, l'établissement des « Sœurs de la Providence » est installé dans cette rue. En 1905 on lui a donné le nom de « Rue Diderot » l'auteur de « la Religieuse ».

La « Rue Sévigné » portait, antérieurement à 1905, le

(1) Voir la Notice de M. le chanoine Verdier.

nom de Rue du Presbytère ; en l'an II, c'était le « Carrefour du Muséum » tout autour de l'église.

La « Rue des Récollets » conduisait au couvent de ce nom qui était situé sur l'emplacement du « Jardin des Plantes ». En 1793, on lui donna le nom de « Rue du Museum » qu'on avait essayé de créer.

La « Montée des Récollets », à la même époque, avait été nommée « Rue de la Montagne » ; depuis 1894, on l'appelle « Avenue Courtiller », l'un des fondateurs du Musée.

Vers 1700, la rue de « l'Ermitage » se nommait « Rue de l'Ermitage Nantilly » ; sous la Révolution, on l'appelait « Rue du District ».

La « Rue de l'Hôtel Dieu » tenait ce nom, depuis le XVIIe siècle, de l'antique établissement hospitalier qui succéda à la Maladrerie et dont il hérita en 1648. Cependant vers 1760, on l'appelait aussi, « Rue de Nantilly ». En 1793, elle avait été réunie à la « Rue des Ursulines » (qui lui fait suite) sous le nom de « Rue de la Bienfaisance ». En 1905, on lui a donné le nom de « Rue Pascal ».

La « Rue Duruy » ne porte le nom de cet ancien Ministre de l'Instruction Publique que depuis 1905 ; antérieurement, on l'appelait « Rue du Collège », et cela depuis le Consulat, époque à laquelle le Collège y avait été installé, dans l'ancien couvent des Ursulines ; de 1793 à 1796, ce couvent avait servi d'hôpital militaire. Au XVIIIe siècle, la rue s'appelait « Rue des Ursulines ».

La « Rue des Basses-Perrières » tient son nom des caves ou *pierrières* qui y sont situées, et d'où l'on a extrait la pierre qui servit à la construction de N. D. de Nantilly et de la plupart des vieilles maisons du quartier.

La « rue Duncan fut ainsi nommée en 1838 ; antérieurement on l'appelait « Rue des Petites Boires », en remontant plus loin, on la trouve dénommée dans de vieux actes « Chemin de la Perrière ».

La « Rue Seigneur » porte le nom de notre éminent concitoyen depuis décembre 1903 ; antérieurement et jusqu'à la fin du XVIIIe siècle on l'appelait « Rue des Boires ». Au XVIIe siècle, on la nommait « Rue des Basses-Douves » ou encore « Rue des Boires de Pocé », les terrains relevant de ce fief. Ces « boires » étaient la trace des terrains parsemés de fouilles qui environnaient Saumur ; elles furent remblayées, en cet endroit, en 1849.

Au XVIIIe siècle, l'extrémité nord-est de la rue Seigneur, vis-à-vis le Temple, était appelé « Coin de la Morinière » du nom d'une propriété adjacente.

En 1895, un membre du Conseil Municipal proposa au Conseil de donner le nom de Pasteur à une des rues de la ville, et le Maire avait tout d'abord pensé à donner ce nom au prolongement de la rue Chanzy ; mais l'on se ravisa et très judicieusement, sans porter atteinte aux traditions locales, on donna le nom du grand savant à la rue qui fait face à l'entrée de l'Hôpital Général. Cette rue, percée peu après la construction de cet établissement, avait alors reçu le nom de « Rue de l'Hospice ».

La Rue J. B. Coulon qui porte ce nom depuis 1895, s'était appelée jusque là « Ruelle de la Chouetterie ».

La « Rue de la Chouetterie » est l'une de nos plus anciennes voies. D'après le Dr Gaulay, ce nom lui avait été donné par ce qu'elle traversait un terrain marécageux, repaire des oiseaux de nuit. D'après M. de Chavigny, le mot Chouetterie, viendrait de *Chenoisterie*, expression celtique qui signifie *tourner, aller en rond ;* c'est le moment de se souvenir qu'il n'y a pas très longtemps, la rue de la Chouetterie commençait à l'Arche Dorée et se terminait seulement rue de Nantilly ; pour la suivre il fallait bien *tourner, marcher en rond !* Pendant la révolution elle avait nom « Rue Nitrière » en raison des raffineries de salpêtre qui y étaient installées.

La « Rue Bury » est ainsi nommée depuis 1903. En 1838, lors de son ouverture, on l'avait nommée « Rue Verte » parce que, ainsi que la rue Fardeau, elle faisait partie du « Chemin Vert », qui côtoie les prairies du Thouet.

La « Rue Bodin » porte le nom de l'historien du Saumurois, depuis 1838 ; antérieurement elle avait nom « Rue de la Levée d'Enceinte ». Avec la « Rue d'Alsace » elle faisait partie de la première levée construite pour protéger la ville contre les débordements du Thouet.

La « Place de l'Arche Dorée » a reçu ce nom du petit pont ou arche jeté à l'*orée* du bourg de Nantilly sur un ruisseau qui conduisait les eaux des douves et des boires dans le Thouet. Au XVIIIe siècle, on l'appelait « Carrefour de l'Arche-Dorée », laquelle était située à l'entrée de la Chouetterie. En l'an II, la place reçut le nom de « Place de l'Alliance » ; antérieurement on l'appelait « Promenade de la Douve ».

La « Rue du Petit Mail » occupe une partie du Mail planté d'arbres qui se trouvait au XVIIIe siècle sur l'emplacement du Temple et de l'école qui y touche.

Avant 1894, l'Avenue Victor Hugo portait le nom de « Rue de la Butte-des-Moulins », comme conduisant aux moulins à vent qui, au nombre d'une quinzaine, animaient le côteau. Conséquemment, la colline était dénommée « Montagne de Tarare » ou « des Moulins », expressions désignant l'une et l'autre, une machine à manutentionner le blé.

Je signale, en passant à cet endroit, une issue qui débouchait, à mi-côte, des fossés du Château dans ce chemin, et qui avait nom «La Porte-des-Champs».

L'escalier que l'on voit vis-à-vis la rue du Prêche s'est toujours appelé «Echelle-du-Château» ou «Rue de l'Echelle». Vers le haut de l'escalier, on voit encore, dans l'herbe, des vestiges de l'enceinte du «Boile».

Dès le 13 mai 1808, M. Saillant, maire de Saumur, faisait des démarches pour arriver à la démolition de la Porte-du-Bourg, qui eut lieu en 1810 (1). Elle était située sur l'emplacement de la maison de M. Terrien, numéro 56 de la Grand'Rue, à l'angle de la rue du Prêche. On démolit en même temps le mur de ville jusqu'à la maison Pitatouin, où est actuellement le Bureau de Bienfaisance. C'est dans cette maison qu'on remisait la guillotine, en 1793, quand elle chômait. Le temple protestant était situé entre cette construction et la Porte-du-Bourg. Il avait été construit, comme on sait, en 1591, ne laissant au nord qu'un étroit passage qui avait nom « Rue du Temple ». L'arrêt du 15 janvier 1685 ordonne « que le temple sera démoli et qu'il sera laissé, de la place où est le dit temple, un espace suffisant, le long des murailles de la ville, pour servir de rue » ; la démolition commença le 20 février suivant : ainsi fut percée la « Rue du Prêche ». En 1793, on l'avait nommée « Rue de la Loi ».

La « Rue du Petit-Versailles » avait reçu ce nom d'une maison qui y était située et qu'on avait ainsi nommée en souvenir du séjour de Louis XIV en 1652. On lui a donné le nom de « Rue Volney » en 1905.

Dès les premières années du XVIIIe siècle, la place Dupetit-Thouars s'appelait « Place de la Grise » dans sa partie sud (on verra tout à l'heure pourquoi); sa partie nord était connue sous le nom de « Balotte du Portail-Louis ». En 1793, toute la place s'appelait « Place de la Révolution » ; c'est en 1838 qu'on lui donna, comme à la rue adjacente, le nom du héros d'Aboukir.

Dans la partie nord-ouest de la rue de la Grise se trouvait, en 1703, l'hôtel qu'habitait « le Sr de la Grise », colonel d'infanterie, chargé par Louis XIV de la formation d'un régiment ; la ville lui payait une indemnité annuelle de 600 livres. La gendarmerie fut ensuite installée dans cet hôtel jusque vers 1840.

Jusqu'en 1838, la rue Dupetit-Thouars s'était appelée « Rue du Grand-Jardin » qu'elle traversait.

En 1854, le maire de Saumur disait dans son exposé au Conseil municipal : « Nous avons pavé la rue Dupetit-

(1) Et non en 1820, selon C. Port.

Thouars... les pavés de blocage qui en ont été extraits vont servir à paver la petite place à l'extrémité du Portail-Louis. Cette localité, qui jusqu'à présent est restée sans aucun dallage, sera provisoirement améliorée de cette manière ».

Cet état *provisoire* cessera prochainement après la construction du nouvel Hôtel des Postes.

Jusqu'en 1822, la grande traversée de Saumur n'étant pas ouverte, les communications de ce côté avec le Poitou avaient lieu par le pont Fouchard, la rue de la Grise et celle du Portail-Louis. C'est donc par cette voie que, dans les premiers jours de février 1652, Louis XIV et la Cour, venant de Poitiers, firent leur entrée à Saumur, en passant par la porte que Duplessis-Mornay avait ménagée dans ses nouvelles fortifications, au nord de la rue de la Grise. Pour la circonstance, on organisa cette porte en un arc triomphal superbement décoré; on raconte même que les falbalas faillirent tomber sur la tête du Roi. Le Souverain parti, on donna son nom au « Portail » et à la rue par lesquels il avait pénétré dans nos murs. Le Portail-Louis fut démoli en 1741; quant à la rue, depuis 1905, Balzac y a supplanté le Roi Soleil. Il n'aurait jamais eu, de son vivant, pareille ambition.

A l'origine, la rue entière n'avait pas une dénomination unique; dans sa partie moyenne, on l'appela, jusqu'à la Révolution, « Rue de l'Oie-Rouge » du nom d'une hôtellerie qui était située au numéro 19, et dont l'inscription *en relief* ne fut grattée qu'en 1859. La partie nord de la rue qui, à cette époque, se prolongeait jusqu'auprès de la rue Saint-Nicolas, avait nom « Rue de l'Ecu de France », en raison de l'hôtel de ce nom.

En outre, au Conseil de Ville, le premier septembre 1696, sur la proposition du Procureur du Roi, on décide « de faire une arche sur le chemin de la Porte-Neufve (1) à la Douve, afin de faciliter l'écoulement des eaux qui est empesché par les vidanges que l'on jette sous le pont de levis qui y est construit », cette arche fut appelée « pont Cordier », du nom du propriétaire sur le terrain duquel elle s'appuyait. Plus tard, le pont donna son nom à la partie de la rue où il débouchait, et par altération on dit: « Rue du Paucordier ». Ce nom est employé dans les documents officiels jusqu' à la Révolution.

En 1793, toute la rue du Portail-Louis reçut le nom de « Rue de la Révolution ».

La « Rue de la Petite-Douve » commença à se construire dès qu'on aliéna les terrains en bordure de l'ancien mur

(1) Aujourd'hui, rue Cendrière.

de ville, et chaque maison eut son jardin ou ses servitudes dans l'ancienne douve. Au milieu du XVIIe siècle, on l'appelait « Petite-Basse-Rue ».

Au XVIe siècle, la porte Neuve avait été condamnée afin de simplifier la défense de la place et diminuer ses points faibles. En 1663, les attaques n'étant plus à craindre, les habitants obtinrent, en payant les frais, la réouverture de cette porte. La sortie de la ville de ce côté eut alors lieu par la « Rue Neuve », dans la rue de la Petite-Douve, la rue Dacier n'étant pas percée. Ce n'est que plus tard que cette « Rue Neuve » prit le nom de « Rue de la Porte-Neuve ».

L'origine du nom : « Rue des *Payens* » vient-elle de *païs, pays, paysan ;* ou bien encore est-ce un qualificatif presque injurieux et gratuit donné aux protestants qui habitaient cette rue ? On ne sait. Quoi qu'il en soit, au XVIIe siècle, on la nommait aussi « Petite-Basse-Rue ». En 1793, elle devint « Rue de la Justice », puis reprit son ancien nom en 1818.

On voit encore dans cette rue, au numéro 2, vis-à-vis la rue Lecoy, la maison qu'habita Duncan. C'est également dans cette rue, au numéro 11, que mourut le général Bontemps, le 29 octobre 1811. Il avait acquis cet immeuble de M. Pitatoin de la Coste pour la somme de 8.000 fr., le 23 décembre 1807.

La rue « du Puits-Tribouillet » doit son nom à un puits qui était au carrefour, près de la maison du sieur Tribouillet.

Pendant la période révolutionnaire, cet endroit avait nom « Carrefour de la Vérité ».

La rue Lecoy porte, depuis 1894, le nom d'un ancien maire de Saumur. Auparavant et jusque vers le milieu du XVIIIe siècle, on l'appelait « Rue Pavée ». Antérieurement, son nom était « Rue Courte » et c'était juste !

La « Rue du Temple » est ainsi appelée depuis 1818. Au XVIIIe siècle, on la nommait « Grande-Basse-Rue », dans sa partie nord, et « Rue de l'Ancien-Grenier-à-Sel », dans sa partie sud.

En 1793, sa moitié nord avait reçu le nom de « Rue de la Conciliation », et la partie sud celui de « Rue Epurée ». A cette époque, la maison de Boisairault, le numéro 24 de cette rue, servait de prison.

La « Grande-Rue » a été construite au pied même de l'enceinte du Boile ; elle la suit exactement depuis « l'Echelle » jusqu'au bas de la « Rue du Fort » et on en voit souvent les restes derrière les maisons, du côté est.

C'était, aux XVe et XVIe siècles, la rue la plus belle de Saumur, habitée par le haut commerce et l'aristocratie

Carrefour rue du Temple, rue du Paradis et rue Dacier en 1866

saumuroise. La maison numéro 45 fut une des résidences de Duplessis-Mornay, et plusieurs autres sont remarquables par leur aspect archaïque.

Sous la Première République, elle reçut le nom de « Rue Lepeltier ».

Antérieurement à la Révolution, le débouché de la Grande-Rue vers l'église Saint-Pierre se nommait « Carrefour Royal ». En 1793, on l'appela « Carrefour de la Fraternité ». La première municipalité de la Restauration lui donna le nom de « Carrefour Dacier ».

La « Rue du Fort » a ce nom depuis 1838. A l'époque de la Restauration, on disait « Montée du Château », et antérieurement elle s'appelait « Rue de Bellevue ».

C'est au bas de cette rue, à hauteur du numéro 7, qu'était « la Porte du Boile du Château » qui fut démolie en 1640.

C'est en 1818 que la « Rue Duplessis-Mornay » reçut ce nom ; jusque-là on l'avait toujours appelée « Rue de la Prison », laquelle prison était située où se trouve actuellement le réservoir d'eau. La maison qu'habita Duplessis-Mornay se trouve à l'angle de cette rue et de la « Rue de l'Echelle », qui avait nom « Rue des Jardins » au XVIIIe siècle.

A cette même époque, la place qui se trouve en face et à l'ouest du Château, où sont les restes d'une ancienne demi-lune, était connue sous le nom de « Place de Bellevue ».

La « Rue Dacier » a été ainsi nommée en 1818. Elle commence (d'aucuns en seront surpris) place Saint-Pierre, dans le prolongement de la rue de la Tonnelle ; au bas de la rue du Fort, elle tourne à l'ouest et se continue jusque rue d'Orléans.

Jusqu'en 1874, il existait dans l'axe de la rue Dacier actuelle et sur l'emplacement de la place Saint-Pierre, à quelque distance de la rue de l'Ancienne-Messagerie, une ligne de maisons qui formait deux rues : au nord, la « Rue du Petit-Maure », au sud, la « Rue du Paradis ». Dès 1858, on commença à démolir cette suite de maisons ; on créa ainsi une voie plus large, qui fut d'abord appelée « Rue Neuve Beaurepaire » comme faisant suite à la rue Beaurepaire, depuis la suppression de l'hôtel de l'Ecu-de-Bretagne. Mais, peu après, on lui donna le nom de « Rue Dacier » comme aboutissant à la petite rue et au carrefour de ce nom.

Aux deux petites rues supprimées se rattachaient des souvenirs saumurois. La rue du Paradis avait été nommée, en 1793, « Rue J.-J. Rousseau ». C'est au numéro 1 de cette rue, qui était vis-à-vis le numéro 9 actuel de la place Saint-Pierre, qu'habita Mme Dacier. Bodin dit qu'elle y est née en 1651 et E. Bonnemère, le 8 mars 1654. Ces historiens ne s'appuient d'ailleurs que sur des documents peu précis.

L'Histoire est impitoyable à la légende quand elle la rencontre sur son chemin. M. L. Dubreuil-Chambardel a retrouvé dans les registres de l'état-civil de l'église réformée de Preuilly (Indre-et-Loire) l'acte de baptême de Mme Dacier; elle y naquit le 5 août 1647. (1)

C'est dans la « Maison du Roi », située au numéro 33 de la rue Dacier et rue Lecoy numéro 6, que descendaient généralement les souverains, notamment Charles VII, en 1424, en 1440 et en 1443 ; Henri IV, en 1589 et en 1595; Louis XIII, en 1614 et 1628 ; Marie de Médicis, en 1614; Anne d'Autriche et Louis XIV, en 1652, accompagnés de Mazarin et de Turenne.

Dans la rue du « Petit-Maure », dénommée, au XVe siècle, « Rue de la Pâtisserie » et sous la Révolution « Rue des Amis », était la maison du Père Nivelleau et d'Eugénie Grandet, sa fille ; elle était située à l'extrémité sud-ouest du Marché-Couvert.

La place Saint-Pierre était fort peu spacieuse au début du XVIIe siècle, étant limitée, entre la ruelle d'Enfer et la rue de la Tonnelle, par un édifice qu'on appelait « le Palais », où se tenaient les assemblées générales et particulières du « Conseil de Ville », ainsi que « la Juridiction ordinaire ». Ce Palais était un bâtiment à un étage, avec solives ouvragées, comme la vieille maison portant le numéro 3 de la rue Dacier. Au rez-de-chaussée étaient des arcades et des boutiques que quelques chroniqueurs ont appelées *« les Halles »*. Enfin, au milieu du bâtiment, il existait *un passage couvert* qui, dans le prolongement des rues de la Tonnelle et Dacier, faisait communiquer ces rues. Ceci peut facilement se vérifier sur le vieux plan de Saumur, antérieur à 1752, qui appartient à M. Jamard, architecte, et dont une copie se trouve à la bibliothèque municipale.

Serait-il téméraire d'affirmer que ce fut en cet endroit que, le 24 juin 1241, saint Louis tint la *cour plénière* pendant laquelle le Sir de Joinville *tranchoit du coutel ?* Qu'on en juge : si, après avoir lu la description et la disposition des lieux, on se reporte à ce que le chroni-

(1) *Texte extrait des registres d'Etat-Civil de l'Eglise Réformée de Preuilly, pour l'année 1647 (folio 31).*

« Margueritte le febvre ».

« Margueritte Le febvre, fille de Maistre Teneguy* Le febvre, docteur » en théologie, et de damle Marie Olyvier est née le cinqe Août 1647 et fut » babtisée par M. Fleury, pasteur, le Unziesme des moys et an, son parrain » M. Isaac Piozet, sieur des Vignans (?) adcat et damle Marguerite Gandon, » femme de M. Josias Poizay adcat. »

* « Connu sous le nom de Tanaquillus Faber. »

queur a dit : « ... Au chief du cloistre d'autre part, estoient les cuisines, les bouteilleries, les panneteries et les despenses ; de celi cloistre [on] servoient devant le roy et devant la royne, de char, de vin et de pain. Et en toutes les autres élez [ailes] et *en prael d'en milieu* mangoient des chevaliers en si grant foison que je ne scè le nombre...»

Ce *préau du milieu* correspond bien au passage qui traversait le Palais, ou plutôt les Halles, et, d'autre part, on a vu qu'au rez-de-chaussée étaient des arcades.

En 1650, pendant la Fronde, le « Palais » fut tellement endommagé par l'artillerie du Château que, par la suite, on dut tenir les Assemblées à l'Hôtel de Ville. Incendié en 1735, on le démolit quelques temps après.

Un document de l'année 1630 décrit la place St-Pierre: « Petite place en laquelle a été de tout temps entretenu le poteau de bois auquel on affiche les actes et publications faites par ordonnance de justice, auquel pilier les habitants ont fait attacher un *haller* de bois servant de toît et couverture pour le banc et étal, anciennement appelé *le banc de la Trompette*, autrement dit *le banc de la cryée.* »

A certains jours, il y avait foule en cet endroit, cela se conçoit, aussi les Saumurois l'avaient nommé *«la Cohue.»*

En 1793, on donnait à ce carrefour le nom de « Place de la Fraternité ».

Au mois de juillet 1830, la municipalité avait autorisé un entrepreneur à creuser sur la place Saint-Pierre un puits artésien destiné à donner de l'eau à toute la ville. Après trois années de labeur, les travaux furent abandonnés sans résultat, bien qu'on ait atteint une profondeur de 136 mètres.

D'après le docteur Gaulay, la « Rue du Marché-Noir » ne tire pas son nom d'un marché, il n'en existait pas en cet endroit, mais de l'expression « marchenoir », qui signifie gens de rien, et qu'on donnait autrefois à certaines personnes qui habitaient cette rue sombre et tortueuse.

Jusqu'en 1848, il existait, devant les numéros pairs de cette rue, une rangée de maisons qui formaient une impasse dont on voit encore la trace, et qui, au XVIIIe siècle, avait nom : « Cul-de-sal du Bras-Coupé ».

La rue du Marché-Noir, prolongée par la rue Bonnemère, avait été nommée en 1793, « Rue de la Réunion ».

Au commencement du XVIIe siècle, la rue actuelle de «l'Ancienne-Messagerie» était appelée «Rue de la Triperie», et la « Rue Cendrière » portait le nom de « Rue de la Porte-Neuve ». Après la réouverture de la porte Neuve, des changements de noms eurent lieu pour les rues voisines. Au Conseil de Ville, le 7 août 1682, il était décidé qu'on ferait certains travaux « pour faciliter la circulation dans la rue de la *Cendrerye* (1) *ou des Messagers* ». Il s'agit ici de la rue Cendrière actuelle, qui avait déjà passé son nom de rue de la Porte-Neuve à la rue Neuve. On l'appelait de la *Cendrerye*, parce qu'il y existait un magasin de cendres qui alimentait la raffinerie de salpêtre, ou des *Messagers*, parce que la poste aux lettres y était également située, au numéro 10, où chaque jour arrivait un « messager » conduisant une diligence attelée à cinq chevaux.

Deux noms, c'était beaucoup pour une seule rue ; elle conserva la *Cendrerie* en devenant « Cendrière » et céda les *Messagers* à la rue de la Triperie qui fut appelée « Rue de l'Ancienne-Messagerie ». Ajoutons que ces deux rues étaient reliées par la « *Rue Traversaine* » qui, en 1838, est devenue « Rue Bizard » pour honorer la mémoire d'un ancien Procureur-Syndic de la ville qui y fit faire des embellissements à partir de 1768.

On voit encore sur le côté nord de cette rue quelques parties d'une belle maison du XVIe siècle qui servait de pied-à-terre aux Dames de Fontevraud.

Ce n'est qu'après la démolition de la porte de la Bilange (1779) que « la rue Saint-Jean » prit ce nom dans toute sa longueur ; antérieurement, on appelait « Rue de la Porte-de-la-Bilange » la partie comprise entre cette porte et la chapelle Saint-Jean. Son nom révolutionnaire était « Rue des Jacobins », on l'appelait aussi à cette époque « Rue Centrale ». Au numéro 27, est une vieille maison où se trouvait un jeu de paume au XVIIIe siècle.

Avant de quitter la rue Saint-Jean il y a lieu d'indiquer l'emplacement qu'occupait l'Académie protestante. Elle était située où se trouve actuellement la maison portant le numéro 6, et se prolongeait au nord, empiètant sur la cour de l'Hôtel de Ville. Dès 1669, cet empiètement avait provoqué les revendications des Echevins : « Au Conseil de Ville tenu le Xe janvier par devant le Sénéchal... » il est dit que « à l'égard desdits prétendus de la R. P. R. qu'il y a lieu d'en poursuivre pareillement intervention pour l'usurpation par eux faite *d'une partie de la Maison de Ville*, ce qui est de notoriété publique, et peut être facilement justifié tant par lettres, que par témoings et mesme par l'inspection du sol et continuité des murailles de ladite Maison de Ville ; d'en poursuivre l'instance conjointement... »

L'arrêt du Conseil d'Etat, du 15 janvier 1685, en prescrivant la suppression de l'Académie protestante, « Ordonne que les biens qui en dépendent seront réunis à l'Hôpital,

(1) On lui donnait ce nom dès 1575.

à la réserve de ce qui a été pris sur la cour de l'Hôtel de Ville, qui sera rendu aux habitants ». (Arch. de l'Hôtel-Dieu).

La « Rue Corneille » est en possession de ce nom depuis 1905 ; antérieurement elle s'appelait « Rue Cour-Saint-Jean », nom qui lui avait été donné en 1818. En l'an II, on l'avait nommée « Rue du Mail » parce qu'elle débouchait sur la promenade de la Comédie. Auparavant elle avait nom « Rue de la Commanderie ».

Le mur de ville qui la barrait avait été ouvert au XVIIIe siècle ; jusque-là, elle avait l'aspect d'une cour dans laquelle était située la chapelle Saint-Jean, à l'est, et l'Hôtel du Commandeur de Saint-Jean de Malte à l'ouest.

La chapelle Saint-Jean, construite au XIIe siècle, était souvent inondée ; quand le Commandeur vint habiter vis-à-vis la chapelle, celle-ci fut abandonnée et on en installa une nouvelle dans les mansardes de son hôtel, au n° 26, où on en voit encore la trace. En 1770, une auberge s'établit près de la chapelle qui lui servit d'écurie. En 1855, elle fut acquise par la ville qui voulait y installer le bureau de bienfaisance, mais on reconnut que cette destination lui convenait peu ; restaurée aux frais des habitants dans les premiers mois de 1858, elle avait été rendue au culte le 24 juin de la même année. Désaffectée de nouveau en 1904, on y a installé cette année (1912), un Musée d'architecture et d'art religieux.

M. Le Bailly de Saint-Simon fut le dernier Commandeur de Saint-Jean-de-Malte, à Saumur, où il habitait encore en 1788.

La « Rue Bonnemère » porte, depuis 1894, le nom de l'un de nos concitoyens qui fut parmi les vainqueurs de la Bastille. Antérieurement, on l'appelait « Rue de l'Hôtel-de-Ville », nom qui lui avait été donné en 1818. En 1793, elle avait été réunie à la rue du Marché-Noir sous le nom de « Rue de la Réunion ». Jusqu'au milieu du XVIIIe siècle, elle était barrée du côté du quai par le mur de ville et ne formait qu'une impasse défoncée, qui avait nom « Cul-de-sac de l'Hôtel-de-Ville ».

La « Rue du Puits-Neuf » a toujours porté ce nom sauf une variante à l'époque révolutionnaire où l'on disait « Rue du Puits-Commun ».

Ce puits était situé au milieu du Carrefour en face de la rue de la Cocasserie. En 1822, le budget municipal fit une recette de 73 fr. 95 résultant de la vente de vieux fer qui provenait de sa démolition.

Vers 1750, la rue de la Cocasserie était appelée « Rue Sombre » ; en 1793, on l'avait nommée « Rue de la Poule ».

Au XVIIIe siècle, l'endroit fort étroit où la rue du Puits-Neuf débouchait dans la rue de la Tonnelle, avait nom « Carrefour de la Laiterie » qui en indique l'usage. Depuis le mois de juillet dernier, il a été dégagé et forme une place assez spacieuse à laquelle il est à souhaiter qu'on donne une dénomination saumuroise.

La « Rue de la Tonnelle » n'a changé de nom qu'une seule fois, en 1793, où on l'avait nommée « Rue de la Fraternité » ; comme les autres rues, elle reprit son vieux mot normand, *tonne, tonneau,* qui signifie arrondi, en berceau. En passant par l'Angleterre, il nous est revenu sous la forme de « tunnel ».

A la porte de la Tonnelle, étaient accolées deux tours qui s'avançaient jusque vers le milieu du quai, et on entrait dans la ville en passant une voûte un peu sombre, suivie de deux rangées de maisons en encorbellement, se rapprochant par en haut, « à pouvoir passer d'une maison à l'autre » ; on arrivait ainsi jusqu'aux arceaux du Palais. Aux deux extrémités de la rue était une tonnelle.

Dans les premières années du XVIIIe siècle, la « Rue Basse-Saint-Pierre » était appelée « Rue de la Vallée-de-Saint-Pierre » ; elle aboutissait au jardin des Cordeliers où l'on a construit le Palais de Justice. Plus tard, on l'appela « Rue Basse-des-Cordeliers ». En 1793, on la nomma « Rue Basse-du-Temple », l'église Saint-Pierre étant devenue « le Temple de la Raison ». C'est en 1818 qu'elle prit le nom de « Rue Basse-Saint-Pierre ».

La rue Haute-Saint-Pierre fut d'abord appelée au XVIIe siècle, « Rue Haute-des-Cordeliers » ; elle conduisait à leur couvent qui avait été antérieurement habité par les Templiers et où l'on a, depuis, installé la Maison d'Arrêt. Sous la Révolution, on l'appela « Rue du Temple-de-la-Raison », et « Rue Haute-Sainte-Pierre » en 1818. Depuis 1905, on la nomme aussi « Rue Fourrier » ?

D'après C. Port, c'est la villa *Fanum* qui devait se dresser sur le coteau, qui donna son nom au quartier de Fenet, au XIe siècle.

D'autre part, *fanum*, en latin, signifie temple, lieu consacré ; n'aurait-on pas donné ce nom au quartier, à la rue qui conduisait à la fontaine près laquelle avait été construite la prime chapelle des Ardilliers ?

Au XVIe siècle, la partie de la ville comprise entre la porte de Fenet et N.-D. des Ardilliers était comprise sous la dénomination générale de « Canton de Fenet », et on appelait « Rue de Fenet » la voie qui le traversait. Toutefois, la partie qui constitue la rue de Fenet actuelle était appelée « Rue des Orfèvres », l'orfèvrerie religieuse s'y trouvait à peu près concentrée (1).

Quelques temps après que Duplessis-Mornay fut gouverneur de Saumur, il s'installa dans ce quartier une population ouvrière protestante et de nombreux prosélytes de la nouvelle religion, ce qui fit donner à la rue des Orfèvres, le nom de « Rue du Petit-Genève » de même qu'à la « Montée » qui gravissait le coteau près de la Porte de Fenet.

En 1784, toute la rue fut appelée « Rue de Fenet ». En 1793, la rue de Fenet actuelle reçut le nom de « Rue des Patriotes », et l'autre partie jusqu'à Notre-Dame, celui de « Rue de l'Industrie ».

En 1818, la rue des Patriotes redevint «Rue de Fenet» et la rue de l'Industrie prit le nom de «Rue Notre-Dame». Depuis 1905, on appelle aussi cette dernière «Rue Rabelais».

Une plaque de marbre, placée sur la maison portant le n° 1 de la rue de Fenet, nous apprend que le général Bontemps y est né en 1755.

C'est au n° 33 de la rue Notre-Dame qu'était la maison de refuge, l'hospice de Jeanne Delanoue, qui fut en partie détruite, ainsi que huit autres maisons, par un éboulement du coteau, le 3 juillet 1703.

Ces effondrements assez fréquents, avaient fait donner à ce quartier le nom de « Canton des Fondis ».

A l'époque de la Révolution, on donna à la « Montée du Petit-Genève » le nom de « Petite-rue de la Montagne ». C'est là, au pied du château, qu'était le vieux cimetière de la paroisse Saint-Pierre.

Rappelons que c'est en novembre 1864 qu'on planta les arbres qui ombragent la place Notre-Dame.

La «Rue Delanoue» était nouvellement percée lorsqu'on lui donna ce nom, en 1838. C'était aussi le cas de la « Rue des Fondeurs » qu'on avait ainsi nommée à la

(1) Le roi René avait des maisons rue de Fenet ainsi que son *escuierie.*

même époque, parce qu'il y existait encore des fonderies de robinets.

La « Rue des Trois-Marchands » tenait ce nom, au XVIIIe siècle, d'une auberge qui y était située ; antérieurement on l'avait appelée « Rue de l'Arche-Grolleau ». En 1793, on lui donna le nom de « Rue des Matelots ».

A la même époque, la « Rue du Grand-Noyer » changea d'essence, on la nomma « Rue du Chêne ».

Vers 1790, la poste était établie dans la « Rue du Relais » qu'on appelait aussi pour cette raison « Rue de la Messagerie ». En 1793, on l'avait nommée « Rue Auxiliaire » ?

Dès 1818, on avait nommé « Rue du Palais » la voie qui devait passer devant le Palais de Justice qui n'était alors qu'en projet; depuis, en 1905, on l'a nommée « Rue Montesquieu ».

Le quartier des Ponts était autrefois l'un des plus animés de Saumur. De 1616 à 1768, la situation des anciens ponts obligeait les piétons et les voitures à passer par la Visitation, la Croix-Verte et autres rues environnantes. A défaut de chemins de fer, les marchandises de toute espèce ne circulaient que par les routes ou par eau, et les îles du quartier, avec leurs ports, facilitaient le commerce et en profitaient largement.

Pour la commodité de leurs affaires, une armée de travailleurs : voituriers, mariniers, commerçants, habitaient dans ces îles, les animaient d'un mouvement incessant ; le Progrès dans sa marche a dispersé la ruche.

Jusque vers le milieu du siècle dernier, le quartier des Ponts fut souvent qualifié de « Terre-Sainte », sans doute en raison des églises ou chapelles qui y étaient situées et qui étaient : 1° la Chapelle « d'Offard » près la rue de ce nom. 2° La chapelle « des Visitandines » devenue l'église de la Visitation. 3° La chapelle « des Capucins » érigée en paroisse au début de la Révolution sous le vocable de « Saint-Jacques ». 4° La chapelle « du Saint-Sépulcre » qui était à l'extrémité nord de la rue de l'Arsenal. 5° La chapelle « du Saint-Sacrement » qui se trouvait à l'extrémité nord de la rue de la Visitation, à l'entrée du Pont-Rouge. 6° La chapelle « Saint-René » à la sortie sud du vieux pont de la Bastille. 7° Une chapelle « St-Jacques »

L'ancienne Gare de Saumur et sa rampe

qui était à l'angle sud-est des rues de Rouen et de la Croix-Verte, et desservie par les Carmes en 1638.

Dès que le pont Cessart fut terminé, on ouvrit devant lui, jusqu'au tournant des Capucins, la « Rue Royale » qui devint « Rue Nationale » quand on fut en République; depuis, elle a été de nouveau l'une et l'autre selon les courants politiques. Le prolongement de cette rue vers la place du Roi-René reçut tout d'abord le nom de « Rue du Pont-Neuf » ou « Neuve-des-Ponts ».

Dans les premières années du siècle dernier on appelait la « Rue de l'Abreuvoir » « Rue de l'Ancienne-Tuerie » ; vers 1795, on y avait installé un abattoir, où se trouve actuellement l'usine à gaz. L'installation de cette usine date de 1841. En 1905, on lui a donné le nom de « Jules-Ferry ».

Au XVIIIe siècle, la rue du Port-Cigongne s'appelait « Rue Dardalin » qu'elle reprit en 1818, après s'être appelée « Rue du Bonnet-Rouge » en 1793, les modérés disaient « Bonnet-de-la-Liberté ». Néanmoins elle a gardé le nom de Cigongne en mémoire de notre député à l'Assemblée Nationale de 1789.

La « Rue du Canon » tenait ce nom d'une maison qui y était située au XVIIe siècle.

La « Rue de la Marine », ainsi nommée en 1838, s'était appelée jusque-là « Rue du Chaland-Percé ».

La « Rue du Vieux-Pont » conduit au point où débouchait le premier pont, à l'entrée de la « Rue des Saulaies ».

La « Rue de l'Arsenal » avait été ainsi nommée, en 1793, parce qu'elle longeait le couvent des Capucins qui avait été transformé en atelier où l'on fabriquait des piques, etc. C'était au XVIIIe siècle, et même après la Restauration, la Rue de l'Arche-du-Moulin-Pendu » qu'elle atteignait après avoir emprunté une partie de la rue actuelle du Roi-René ou Montcel.

La rue de la Visitation portait ce nom depuis 1838. En 1793, on l'avait appelée « Rue de la Liberté ». Au XVIIIe siècle, elle se nommait « Grande-Rue-des-Ponts ». Au XVIIe siècle, la partie comprise entre la rue du Roi-René et la Loire avait nom « Rue Censier », parce qu'elle traversait l'île de ce nom. Officiellement, la rue de la Visitation se nomme rue Waldeck-Rousseau depuis 1905. C'est à l'endroit où se trouvait l'Arche du Moulin-Pendu, que le Roi-René fit construire, pour Isabelle de Lorraine, sa première femme, le beau logis dont la Ville vient de faire l'acquisition.

La « Rue des Capucins » fut d'abord nommée « Rue de la Croix-des-Capucins ». A la fin du XVIIIe siècle, on disait simplement « Rue des Capucins ». En 1793, on l'appela « Rue des Piques ». Elle reprit son ancien nom de 1818 à 1905, époque à laquelle on lui a donné le nom de « Paul-Bert ».

La rue de la Reine-de-Sicile, celle du Roi-René ou Montcel, de même que la place du Roi-René sont de création récente. Ce furent, pourrait-on dire, les ateliers nationaux de Saumur en 1848 ; on employait là, à des travaux de remblai, les ouvriers sans travail.

L'abattoir situé sur la rive, un peu en aval, fut construit de 1852 à 1856.

Traversons le bras des Sept-Voies. En 1825, le nouveau pont était depuis peu en construction, lorsqu'on songea à donner un nom à la rue qui, de ce pont, devait rejoindre la levée de Saint-Lambert, et, par décision du 10 mars, le Roi autorisa la municipalité à donner à la nouvelle voie le nom de « Rue Charles X ». En 1838, on la nomma « Rue de l'Arche » ; elle est aujourd'hui « Rue de Rouen ».

La « Rue de l'Ancienne-Gare » rappelle l'emplacement de la première gare à Saumur.

La rue Pharouelle s'appela d'abord « Rue du Port-Pharouelle », du nom du marinier contemporain du roi René.

Le nom de la « Rue de la Basse-Ile » est une altération de « la Bastille » qui défendait le pont.

La « Rue de l'Ile-Neuve » a-t-elle reçu ce nom parce qu'au XIIe siècle la Loire aurait fait une île des terrains environnants en déplaçant son lit ? Quelques-uns disent, avec quelque raison à l'appui de cette hypothèse, qu'à cette époque la région relevait du prieuré d'Avoine-en-Véron...

La Maison de la Reine de Sicile et « le bout du monde »

A l'entrée de la rue de l'Ile-Neuve, se dirigeant à l'est, est la petite « Rue de la Concorde », ainsi nommée au XVIIIe siècle. A la sortie de la rue de l'Ile-Neuve et allant également vers l'est, on a la « Rue de Gratigny », qui tient son nom de la vieille maison du XVIe siècle qui y est encore située.

Passons le vieux pont de la Bastille : voici la Croix-Verte. Saluez !... c'est le seul quartier de Saumur qui ait jamais vu l'ennemi :

Au Conseil municipal, le 3 juin 1816, « M. Noël-Henry Mayaud, maire, ouvre la séance et appelle l'attention du Conseil sur le tableau qu'il a fait dresser et qu'il présente, *des dépenses que le séjour des troupes prussiennes* a occasionné aux habitants du faubourg de la Croix-Verte de cette ville, du 6 Août 1815, au 20 Septembre suivant. La Loire servait de limite aux troupes étrangères ; ce faubourg, situé sur la rive droite de ce fleuve, fut pendant le laps de temps indiqué, obligé de supporter, seul, les frais énormes de subsistances et approvisionnements de tout genre, exigés par les troupes. »

Le montant des réquisitions s'était élevé à la somme de 6,744 fr. 91. (Arch. M[les]).

On sait que le quartier de la Croix-Verte doit son nom à la vieille hôtellerie, qui était située au n° 31, encore debout. Ce qu'on sait moins, c'est qu'au XVIIe siècle, cette entrée de Saumur avait un autre nom. Au Conseil de Ville, *le 20e Mars 1673*, il est dit que les échevins « ont fait mettre trois soullives au pont de la porte *Montagland*, près la Bastille, à la place de celles qui cabrèrent la nuit du 8 au 9 février dernier. »

La Maison qui porte le n° 41 de la rue de la Croix-Verte, se trouve sur l'emplacement de l'hôtellerie « du Grand Saint-Cristophe » dont il reste quelques traces.

Toute activité s'est retirée de ce quartier. Est-ce à dire qu'il doive renoncer à toute amélioration ? Nous ne le pensons pas et on pourra reprendre un jour des projets fort anciens. « Nos successeurs recueilleront ces projets ; ils s'en empareront pour les modifier et en ajouter d'autres, suivant les besoins et les convenances de leur époque. Chaque génération a ses idées et ses désirs et notre devoir est de porter sans cesse nos regards vers les deux côtés opposés de l'horizon : vers le passé d'abord, afin de nous inspirer de la sagesse de nos pères et de continuer leurs œuvres de notre mieux ; vers l'avenir ensuite, afin de pressentir les vœux des générations futures, et d'harmoniser autant que possible nos œuvres présentes avec les opérations de ceux qui viendront après nous. »

Ces paroles inspirées, ont été prononcées par M. Louvet, maire de Saumur, en séance du Conseil Municipal, le 7 juillet 1865.

Nota. — Nous devons la plupart des clichés qui sont dans cet ouvrage, à l'obligeance de M. David, photographe, successeur de M. Coué.

SAUMUR. — IMPRIMERIE P. GODET. 14.494

www.ingramcontent.com/pod-product-compliance
Ingram Content Group UK Ltd.
Pitfield, Milton Keynes, MK11 3LW, UK
UKHW020349250726
13967UKWH00005B/2200